だいわ文庫

読書で自分を高める

本田 健

大和書房

プロローグ

本と戯れる時間が、自分を高めてくれる

この本を手にとってくださって、ありがとうございます。

本屋さんでこの本を手にとられたあなたは、けっこうな本好きではないでしょうか。あるいは、本が好きではないために、「本をもっと読みなさい」と両親や先輩から、この本を手渡されたのかもしれません。

いずれにしても、この本を読み進めるうちに、読書ってすばらしいものだと思って、もっと本が読みたくなっていただけると、著者としてはとてもうれしいです。

あなたは、日常的に、どれくらい本を読んでいますか？

本がなくても、人生を100％楽しんで生きることができますか？

ひょっとしたら、あなたは毎日、かならず本を読んでいるかもしれません。

本が好きな人は、少しでも時間ができれば、本を読む習慣があるからです。

実は、私もそのひとりです。読書は、私にとって、そして多くの本好きの人にとって、なくてはならない習慣ではないでしょうか。

電車に乗るとき、ちょっとした待ち合わせの空き時間、ひとりでランチを食べるとき、家でリラックスするときに、本がなかったら、どうでしょう？

そんなときに本がないと、手持ちぶさたになるのではないでしょうか。本好きにとっては、禁断症状が出るかもしれません。

私は、約束の時間のだいぶ前にその場所につくようにしていますが、たまに相手が渋滞などで15分ぐらい遅れてくることがあります。つごう30分近く待っているわけですが、全然気になりません。それは、いつも本を2、3冊持っているからです。おもしろい本を読んでいるときは、相手が遅れてくると、逆に、続きが読めてありがたいぐらいです。

あるとき、私の読者のつどいで、本を読むことが話題になったことがあります。

そこに集まった本好きな人たちに聞いてみました。

何かの罰として、「一生本を読んではいけない」というのと、「1か月刑務所に入る」のと、どちらを選びますか？

もちろん冗談で聞いたのですが、多くの人が、「本が読めないぐらいなら、1か月ぐらい、不自由を我慢する！」と真剣な顔をして手を挙げたのにはびっくりしました。それぐらい本を読むということが、生活の一部になっていて、その楽しみを奪われたくないと思ったのでしょう。

私は、これまでずっと本が大好きでした。本のない世界なんて考えられません。父は、大学に行けなかったために、ごく若いころから本を先生としていました。母も、毎晩本を読むことを習慣としていました。

姉も本好きで、壁一面につくられた書棚には、本がたくさん並んでいました。そういった家族の影響で本を読みはじめ、小学生のころから本にはまるようになりました。

中学に入ると、毎週1冊のペースで本を読みはじめ、高校のころには、学校の図書館に入り浸るようになりました。

大学時代は、生活費のほとんどを本に費やし、気がつくと、月末にお金が足りなくなって、食費に困ることもよくありました。どうしても買いたい百科事典のために、食事を抜いてお金を貯めたこともあります。

でも、広い書店に膨大《ぼうだい》に並ぶ本を見るたびに、「あぁ、このうち、一生で何冊読めるんだろう?」とため息をついていました。

ちょうどそのころ、ふとしたきっかけで出会ったのが、速読でした。

速読とは、本を速く読むスキルのことで、誰でもちょっと練習をしただけで、いまの数倍は速く読めます。けっこう簡単なのに、知らない人がほとんどです。

速読に関しては、後でお話ししますが、このスキルを身につけたことで本当に人生が変わりました。やや大げさにいうと、速読は、「人類の智の宝庫へのアクセスカード」になったのです。


速読ができるようになってからは、本を読むペースが飛躍的に上がりました。

それに伴い、いままでは興味がある本しか手にとらなかったのが、未知の世界の棚にどんどん進出していったのです。

学生で時間があるときだったので、本屋さんや古書店で、それぞれ数時間ずつ粘り、本棚の端から端まで一気読みすることを日課にしていました。

その後、通訳をはじめて、時間とお金ができてからは、本屋さんで段ボール数箱ぶんを大人買いするようになりました。

娘の誕生を機にそれまでやっていた仕事をすべて辞め、育児に専念するためのセミリタイヤ期間をとったときは、本と戯《たわむ》れているのが至福の時間で、ゆったりした生活のなかで、毎日読書を堪能しました。

そうして本をむさぼり読む生活を30年近く続けたので、いまでは、ビジネス書、自己啓発書の分野では、個人で有数のライブラリーを持っていると思います。

私の場合、本好きが高じて、見よう見まねで本を書くようにまでなってしまいました。まさか自分が作家になるとは想ってもみませんでしたが、昔の友人にいわせると、「作家になるとは思わなかったけど、本が好きだったのは間違いない」とのことです。

最初は、趣味で読書ノートのつもりで書きはじめたのですが、書くことの楽しさにはまりました。書いた文章を大量にコピーしてホッチキスで留めて、友人に押しつけるように配っていました。

その趣味が高じて、あるとき、本を書くように勧められ、作家デビューすることになりました。そして、いつのまにか毎月のように本を出すことになりました。いまでは、専業の作家よりもハイペースで書き続けています。これまでに100冊以上の本を書いてきました。

作家デビュー以来、雑誌の取材などで、読書について聞かれることがよくあります。

どんな本を読んできたのか、本を書くときにどういう本を参考にしているのかといったことを聞かれているうちに、一度まとめてみようと思うようになり、この本を書きました。

人は、なぜ本を読むのか、どう読めばいいのか、何を読めばいいのかといった、読書に関するさまざまな側面をこの本のなかで扱っていきたいと思います。

多くの人が本を読まなくなったといわれて久しいですが、そんなことはないと思います。まだまだ本が好きな人はいっぱいいます。

本書で、本は楽しい、もっと本を読みたい、そういう人が増えていったらうれしいです。

読書には、とにかく楽しいという娯楽的な要素だけでなく、経済的なメリットもあります。仕事にもプラスになるし、読書家の収入は、そうでない人と比べて高いというデータもあります。

また、本をきっかけとしてパートナーとも出会いやすくなったり、教養が身につくことで、まわりに信頼・尊敬されやすくもなります。

読書には、挙げればキリがないほどたくさんの効用がありますが、一番は、

「人間的な成長に役立つ」ということではないかと私は考えます。

本を読むことで、自分と向きあい、人生の方向性を考え、時には軌道修正をする。そんなことが、読書で可能になるのです。

この、自分と向きあうということを、試行錯誤しながら進めていくことが、私は人生の醍醐味《だいごみ》だと考えています。

多くの人は、遠回りに見えるこの作業を怠ります。でも、そのツケは、あなたが思っているより大きいものです。

自分が誰なのか、何のために自分は生きるのか、といったことがわからなければ、どれだけ社会的に成功しても、幸せにはなれないからです。

あなたがどんな職業に就いていても、読書は、役に立ちます。

それは、あなたと同じ仕事の第一線で活躍している人たちが、たいてい本を書いているからです。教師、政治家、アーティスト、職人、商売人、ヒーラー、牧師、料理人など、どんな仕事の人でも、ほぼ例外なく、ひとりぐらいは本を書いています。

本というのは、自分と同じ職業で成功している先人が、いろんな知恵や経験を分かち合ってくれるものでもあるのです。

ふだん、日常の生活の雑事に忙殺されがちななか、より高いところから自分の人生を俯瞰《ふかん》できる人はなかなかいません。

読書によって、客観的に、いまの自分の立ち位置がわかってきます。

このままの生き方でいいのか。あるいは、もっと他の生き方があるのか。

また、家族との関わり方、パートナーや子どもを持つ・持たないといったことも、読書を通してじっくりと考えることになるでしょう。

本を読むことは、よりすばらしい人生へのドアなのです。

どう読書をすれば、自分を高めることに使えるのか、これから一緒に見ていきましょう。

読書で自分を高める◎目次

第2章

何に向かって本を読むのか

第3章

どうすれば読書はおもしろくなるか

第1章

本を読むとはどういうことか

読書は、なぜ楽しいか

読書は、本が好きな人にとって、日常の密《ひそ》かな喜びではないでしょうか。

映画や音楽は、好きな恋人や家族と一緒に観たり、聴いたりすることが多いと思います。でも、普通の活字の本をカップルで、あるいは家族で一緒に読むということは、ほぼないでしょう。

そういう意味では、読書は、基本的にはひとりでするもので、本が好きな人にとっては、自分と向きあう素敵な時間になるのです。

また、読書が好きな人は、孤独の楽しみ方を知っているともいえます。

「ひとりで本の世界に浸る喜びは、何にも代えられない」と考える本好きは多いでしょう。

本を読むことを通じて、自分と向きあい、将来をどう生きるのかといったことを静かに考えることができます。

仕事や恋愛で問題にぶつかったとき、あなたなら、どうしますか？

上司や先輩に相談する、友だちに相談する。そういう人は多いでしょう。

でも、もし、彼らも具体的な解決策を知らず、それどころか、同じような問題を抱えていたら、アドバイスを求めてもよりよい方向に導いてはもらえないかもしれません。

そんなとき、私なら、（そしてあなたもたぶん）本屋さんに行くと思います。

本屋さんには、何万、何十万冊という本が置いてあります。その膨大な本のどこかのページに、あなたの問題を解決する方法が書いてあるはずです。

それがどの本かは、すぐにはわかりません。でも、その本がどこにあるかを探す喜びというのも、あるのではないでしょうか。

そして、手当たり次第に、立ち読みして、その本を探すことになります。でも、何十冊手にとっても、「これだ！」という本は見つからないでしょう。

何日も本屋さんに通い詰めたり、図書館にこもったり、いろんな人に聞いて、ようやくあなたが読むべき本と出会うことになるのです。

それは、砂漠でオアシスを見つけるような感動で、その本に書いてある言葉は、あなたを包み込み、心にジーンと染みてくるはずです。

私は、何度もそういう体験をして、つくづく「本ってすごいなぁ〜」と感動することがよくありました。

そういう本に出会うとき、時代を超えて、バトンをもらったような、やや大げさにいうと、新しい命をもらったような感激を覚えます。

あなたにも、そういう体験があるのではないでしょうか。

人生の転機に、自分が出会うべき一冊の本と出会えた人は幸せです。

もちろん、すばらしい人物との出会いも人生を変えますが、本との出会いで、人生の方向性が変わっていくということは、よくあるのです。

良書と出会うことは、職業的な成功、豊かさ、人間関係など、人生のすべてによい影響をもたらしてくれるのです。

自分が知らない世界に触れる

あなたは、何のために本を読んでいますか？

気分転換や、知識を得るため、それとも、悩みを解決するためでしょうか？

同じ読書でも、読む本によって、理由はさまざまでしょう。

本屋さんで料理本やペン習字、写真の撮り方、日曜大工などのコーナーに行く人は、日常生活に必要なノウハウや知識を求めていると思います。

ミステリー小説、ロマンスノベル、時代小説を読む人は、ふだんの生活で得られないワクワク感、スリル感を読書で得ていると思います。

また、専門家が書いた本を読む人は、そこから、仕事の知識、知恵、ノウハウ、スキルを得たいと思っているからです。

同じ読書といっても、読む本によって全然違う体験だといえます。

しかし、本を読む、という行為には、「いまの自分が知らない世界に触れる」「想像力を使う」といった共通点があります。

映画や音楽でもそれは可能なのでしょうが、本を読むためには、想像力が必要になります。この想像力が適度に刺激され、フル活用をすることが、読書の醍醐《だいご》味《み》といえます。

ダイレクトな刺激が好きな人は、映像や音楽に惹《ひ》かれるかもしれません。確かに、バーチャルリアリティーのソフトは、3Dで立体的にできていて、その迫力はすごいものです。

一方、読書には、自分で想像する楽しみがあります。いってみれば、自分の頭のなかに、バーチャルな体験をつくり出すわけで、大がかりな機材は必要ありません。

読書によって、自分が体験できないことを頭のなかで、疑似《ぎじ》体験できるのです。たとえば、プレイボーイになったり、女優になったり、時には殺人者になったり、戦争を引き起こしたりできるのです。

ミステリー小説、時代小説、ロマンス小説は、そういうニーズから出てきています。時代小説が売れるのは、どこかいまの世相と似たところがあって、上下関係や理不尽な規則に翻弄《ほんろう》されながらがんばる主人公に、自分を投影できるからでしょう。

『三国志』などの歴史小説は、自分が体験できない生きざまをバーチャル体験できるから、人気があるのだと思います。命がけで精一杯生ききるということは、現代では難しいものです。文字通り、命のやりとりをする本音の生き方は、良くも悪くも、現代では不可能です。だからこそ、本能と感情をむき出しにして、荒々しく生きる主人公の姿は、強烈な魅力を放つのです。

また、歴史上の偉人や著名人の自伝も同じように、自分では体験できないさまざまなことを疑似体験できます。

違う時代、違う国の人物が主人公の場合、特に刺激的です。「自分ならどうするか?」をちょっと考えながら、絶対自分にはできなさそうなことをやってのける主人公のすごさに、ただため息をつくのです。

そして、命を取られるまではないいまの環境に感謝をしているうちに、自分の悩みがちっぽけに見えてきて、不安から解放されるのです。

読書は、あなたの想像力を高めてくれます。

行ったことのない地域、それまで知ることのなかった時代が舞台の場合、それがどんな風景なのか、温度や空気のにおい、食べ物の味、人々の表情などを想像します。五感のすべてを（時には第六感も）総動員して想像力を働かせるのです。

想像するというのは、人類だけに与えられた特殊な能力のひとつです。牛や馬が、自分の5年後をイメージしたり、遠い異国の地に住むことを想像しないでしょう。

せっかく人間として生まれたのです。与えられている能力を使わなければ、もったいないかもしれません。

本を読むことで培う想像力は、ビジネスでも、人間関係でも、大切です。対人関係のすべては、相手が何を考えているのか、感じているのかを想像することから、スタートするからです。

読書は精神活動の基本となる

本を読むことは、基本的に、知的な精神活動といえます。

本を開いている間は、著者と向きあい、著者のつくり出した人物の息づかいを感じることになります。

それは、どんな本でも同じです。ミステリー小説を読んでいても、主人公と重ね合わせて、自分ならどうするかを自然に考えてしまうはずです。

ミステリーの分野のひとつに警察小説がありますが、組織の力学に翻弄《ほんろう》されつつも自分の意思を通そうとする主人公の生き方に共感する人は多いでしょう。

ひるがえって、自分が属する組織のなかで、どう自分を活かせているのか、そして、これから、いまの生き方でいいのかを考えてしまうのです。

そう考えると、読んでいるのが哲学的な本でなくても、本を読むことで人は、自分とは誰なのか、これからどうするのかなど、自然と本質的なことを考えるようになるのです。

それは、読書に、自分の内側に向かっていく要素があるからです。

読書をしていて、感情を大きく揺さぶられることがあります。それは、ノンフィクションでも、小説でも同じです。

登場人物が体験する苦難の連続に、いろんな感情をあぶり出されます。不安、恐れ、憎しみ、怒り、喜びなどを主人公と一緒に、味わっていくのです。

普通に生きていたら、そこまで感情的に揺さぶられることはありません。その大きな揺れを感じることも、ある意味では、読書の喜びだといえるでしょう。

遊園地のジェットコースターなどのアトラクションが肉体的な恐れを売りにしているなら、本の場合は、感情的な恐れの振れ幅が売りなのです。

その種のワクワク感を私たちは本を読むことで得ています。そのために、退屈な生活から、本の世界に一時逃げ込むことは、とても楽しい活動なのです。

ふだんから本を読み、自分と向きあう習慣がある人は、感情的なことだけでなく、もっと深い部分でも、本から影響を受けます。

ビジネスやアカデミックな世界だけでなく、芸能界、スポーツ界、アートの世界などですばらしい活躍をしている人の伝記や物語を読んでいくうちに、いまとは違う生き方をしたいと考えたりします。

たとえば、いま、会社勤めしている人が、ある起業家の本を読んでいるうちに、自分でも会社を起こしたくなったりします。専業主婦の人が、お店を出して成功した主婦の本を読み進めるうちに、自分でもやってみたくなったりすることもあるでしょう。本を読むと、自分の生き方まで影響されることがあるのです。

また、人生の方向性に迷っている人にとっては、読書は自分探しにもなります。

ネイティブアメリカンの人たちの儀式に、ビジョンクエストというのがあって、原野をかけめぐって、自分のビジョンを見ることを目的にしています。それと同じように、本を読んでいるうちに、自分のビジョンを受け取る人もたくさんいるのではないでしょうか。読書には、そういう精神活動を深める役割もあるのです。

思索する時間が、自分を鍛えてくれる

あなたは、ふだんどれくらいの時間をひとりで過ごしますか？

もし、あなたが、結婚していて、家族がいる場合は、一人きりで過ごすことはなかなかないかもしれません。仕事、介護、育児などをやっていると、自分だけの時間は、ほとんどとれないものです。そういうときに、10分でも自分の時間ができたとき、読書は何にも代えがたい貴重な時間になるのではないでしょうか。

あなたがひとり暮らしの場合、時間はたくさんあると思いますが、読書の時間は、自分の可能性と向きあうクオリティーの高い時間になります。

ひとりの時間がイヤだという人がいますが、ひとりの時間でしかできないこともあります。

人は、思索《しさく》することによって、他人のことを思いやったり、自分の本当の願望や自分の行く末、世界のことをじっくり考えたりできるのです。ただ、ぐるぐる回りをする悩みと違って、そういったことについてあれこれ考えをめぐらす時間は、とても貴重です。

多くの人は、自分の感情に突き動かされて、反応のままに生きています。一方、知的な人は、思索によって自分を見つめ、高め、自分が生きたい方向を目指して歩いていきます。

本からそういうインスピレーションを得ることができれば、人間的な成長を続けられるでしょう。

忙しい毎日のなかに、積極的に思索の時間を持てる人は、幸せです。心の平安がそこで得られるからです。社会的に大変だったり、悩みがあったとしても、読書をしている間は、それらと無縁でいられます。

一日たった10分でもいいのです。思索することによって、人は深くなるのです。

ピンチを乗り越える知恵と勇気をもらう

私たちは、人生のいろんな局面で迷います。

それは、中学や高校の進学にはじまります。どの高校、大学に行くか、どういう会社に就職したらいいかで迷います。

また、恋愛、家族関係でも、悩むことは多いのではないでしょうか。

そのときに、読書はあなたの助けになるでしょう。

なぜなら、その道の専門家が解決策を書いてくれているからです。

プロが何十年もやってきて気がついたこと、とっておきのコツを惜しげもなく披露してくれているのが、本なのです。

もちろん、自分の自慢話ばかりが書いてあって、つまらない本もたくさんありますが、なかには良書がかならず存在します。

たとえば、家族関係で悩んでいるときに、同じ問題を抱えていた人の体験記があれば、とても役に立つでしょう。

また、パートナーは欲しいけど、なかなか見つからないという人も、同じような状態から幸せな結婚をした人の体験記を読むことで、自分の明るい未来がイメージできるようになります。

自分よりもはるかにつらい状況にいる人の話を読むと、こんなに大変な状況でも負けないでがんばっている人がいるのに、自分も負けていられない、がんばろうという気持ちになるのではないでしょうか。

恋人にふられる、仕事を失う、お金を損するといったことは、日常的に起きることです。そんなとき、私たちは、気落ちして、もうダメだと思いがちです。世界の不幸のすべてが自分に降りかかってきた感じがして、息ができないような苦しさを感じたりします。

でも、そういうときに、ガンで闘病したり、家族が急に亡くなったり、外国で一文無しになったり、事業に失敗したり、といったことを体験した人の本を読むことで、共感したり、癒《いや》されたりします。

私たちは、結婚した後、かならずしもずっとバラ色というわけにはいかないということを両親やまわりの人を見て知っています。

でも、本を読むことで、世の中には幸せなカップルがいることを知り、どういうコミュニケーションをとればいいかを学べます。

ケンカや価値観の違いがあっても、乗り越えられることがわかります。

もちろん、本に書かれていることは知識として頭のなかに残るだけなので、実際に自分の身に降りかかってきたら、うろたえると思いますが、それでも、心の準備ができているのといないのとでは、違うでしょう。

人生で想定外のことが起きたとき、先人の知恵から学ぶことで、難局を切り抜けることができます。

そして、そこからどう最高の未来を実現していくのかという地図も、読書によって手に入れることができるのです。

進路をひらく処方箋を持っておく

人生には試練がかならずやってきます。

それに負けるか、打ち勝つかで、人生が決まります。

あなたの人生は、いまどういう状態でしょうか？

望まない就職や、仕事、パートナーシップ、家族関係、お金のトラブル、思いがけない病気などを体験しているとしたら、苦しくてしかたないかもしれません。

ピンチに陥ったとき、人は、つい下を見がちで、うつむきがちになります。

そういうときこそ、視点をがらっと変えなければいけません。

逆境に陥ったときは、特に、本を読むことを勧めたいです。

そして、自分が落ち込んだときに読む本を何冊か常備したいものです。

常備薬を置くような感じで、お気に入りの10冊ぐらいを本棚に用意しておくといいでしょう。

たとえば、自分に自信がなくなったらこの本がいい。心が疲れてきたらこの本。人間関係に問題が出たらこの本。家族関係の悩みにはこの本、といったように用意しておくと、いざ問題が起きたり、心が晴れないときに、出がけにカバンに入れておけばいいのです。

それは、小説でもいいし、自己啓発の本でもいいのです。自分の状態に対して処方箋《しょほうせん》のように本を出すということをやってみましょう。

沖縄に、患者さんに本を処方するユニークな整体院があります。

そこでは、その患者さんにもっともよさそうな本を帰りに処方してくれるのです。私も一度行ったことがありますが、その考え方は素敵だと思いました。

落ち込んだとき、イライラしたとき、人生の進路に迷ったとき、誰でもいいから、アドバイスが欲しいものです。

でも、まわりの先輩や友人たちが、かならずしも的確なアドバイスをしてくれるわけではありません。なぜなら、彼らも同じように迷っているかもしれないからです。

だからこそ、あらかじめ、将来自分が困ったときに、処方箋になるような本を準備しておきましょう。

勇気が欲しいとき、落ち込んだとき、冷静になりたいとき、その本を手にして、もう一度やりなおそうと思うのです。

心のサプリメントのような本をストックとして持っておくと便利です。自分にはもちろんのことですが、落ち込んでいたり、苦しい状況にいる友人へのプレゼントとしても役に立つからです。

困っている友人にさりげなく素敵なメッセージが書いてある本をあげることは、とても素敵な友情の示し方だと思います。

本のなかに、反面教師を見つける

本のなかに、あなたの反面教師を見つけることもできます。

暴飲暴食の末、若くして死んでしまったり、恋愛で不誠実なことを繰り返しているうちに孤独死する主人公の話を読んだら、これはまずいなぁと思うのではないでしょうか。

また、本に出てくる登場人物が、シャイなために好きな人に声をかけられず、ひとり惨《みじ》めな人生を送るといった物語を読めば、「自分もこのままだと、この人と同じになってしまう」と焦《あせ》るかもしれません。

読んでいる本のなかで出てくる人に対して、イライラしたり、批判的になったときは、それが反面教師になっているということです。

また、自分と同じような生き方をしていて、その後を見せてもらったとしたら、それもありがたい存在だといえるでしょう。

ふだんの生活では、そこまで極端に自分のイヤなところを見せてくれる人はいませんが、本のなかには、そういう人物が紛《まぎ》れ込む可能性があります。

コイツ死んでもらいたい、見たくないなという姿を見たとき、それが自分だと認めてみましょう。

その人物のどの部分がイヤなのか、何に対して心がざわつくのかを見ることで、自分の盲点が見えてきます。

たとえば、ルールに縛《しば》られずに、自由に生きて人に迷惑をかけている人に対して、イライラしたとしましょう。

すると、規則は守らなければいけない、ちゃんとしなければいけないという強い観念をあなたが持っていることがわかります。

そういう観念を見つけて、必要なければ手放すことで、新たな自分になれます。本をそうやって使うこともできるのです。

いつでも原点に戻れる

あなたには、繰り返し読む本が、何冊ぐらいあるでしょうか？

数年おき、または、人生の転機のたびに読み返すような本を持つと、読書の楽しみが増えます。

その本を読むときに、自分の感じ方が以前とずいぶん違うことが、定点観測をすることでわかるのではないでしょうか。

人生ではいろんなことが起きます。うまくいって、ちょっと調子に乗ってしまったり、すべてがうまくいかなくて落ち込みがちな時期は誰にでも訪れます。

そのときに、基準点のようなものがあれば、自分を見失わなくて済みます。

私は、司馬遼太郎の『竜馬がゆく』をそういった本の一冊として、何度も折に触れて読み返しています。人生で守りに入りそうなとき、竜馬の行動力と、パワーを感じるようにしています。そして、31歳で亡くなった彼が、自分の年齢まで生きられたら、何をしたかなといつも想像します。

多くの人の意識、生き方を変えることを自分のライフワークにしようと決め、本を書きはじめたり、講演家として活動の準備をはじめたのも、ちょうど自分が31歳のころでした。もし、竜馬が死なずに命を与えられたら、きっとこういうことをやっただろうということをはじめてみたのです。

竜馬ならリスクなんて考えずに、飛び込んでいっただろうと思うと、「とにかくおもしろいことをやってみよう！」という気分になれます。

女性の場合は、『赤毛のアン』『大草原の小さな家』などが、人生の原点になるかもしれません。

本気で生きてみようという気分にさせてくれる本は、その人を一生、啓発してくれるでしょう。

そういう本を見つけた人は、芯《しん》が強いし、とても幸せだと思うのです。

一冊の本が、人と人をつなぐ

私は親しくなると、その人がどんな本が好きなのか聞いてみます。

ビジネス書が好きなのか、小説が好きなのかなどを話していくと、その人の読書遍歴が見えてきます。好きな映画とあわせて聞くと、その人がどんな人物なのかも、はっきりしてきます。

なかには、読書家の人もいて、高校生ぐらいのときにどんな本を読んだかで盛り上がれると、一気にその人との距離が近くなるものです。

あなたは、小さいころから、どんな本を読んできたでしょうか?

小学校に上がる前ぐらいには、どんな絵本が好きでしたか?

小さいとき、物語は、何か読みましたか?

学生時代、はまった作家はいましたか？

ミステリー小説、ロマンスノベルを読んだでしょうか。それとも、ちょっと背伸びして、哲学書、実用書、ビジネス書などを読んだでしょうか。

いまは、どんなものを読んでいるでしょう。

あなたがワクワクして読んでいる本のタイトルをいくつか話してみると、初対面の人とでも、打ち解けることができます。

同じ作家が好きな人は、それだけで同志のような気分になるし、同じ価値観を共有しているようなところがあるからです。

私も、同じ作家が好きだという理由で、初対面の人とすごく仲良くなったことが何度もあります。だから、この人は、こういう作家が好きそうだなというのをあらかじめ想像して、何名か名前を出すようにしています。

本好きの人には、お互いがわかる匂いのようなものがあり、それだけで親しくなれるふしぎな連帯感があります。

友人は、人生を生きるうえですばらしい存在ですが、その友人たちと好きな本について語り合えることは、充実した時間になるでしょう。

そもそも友人とは何かを考えてみれば、「気が合う仲間」「相談相手」「一緒に食事をしたり、おしゃべりする人」「趣味が似ている人」といったものでしょうか。

もちろん、まったく一緒という人はいなくても、同じような分野に興味、関心がなければ、親しくなるのは難しいでしょう。その意味で、「本について語り合える友がいる」というのは、とても贅沢《ぜいたく》なことなのです。

好きなことを共有できて、長くつき合える友人は、一生の財産です。

仕事や社会的地位を離れて、ただ本という世界を共有しているので、とても楽しい関係になるでしょう。

真の友情とは、年齢や社会的立場・影響力、自分が所有している経済的要素が関係ないところでこそ育つものです。

少しでもそういう可能性がある人とは、大切に友情を育んでください。それが心豊かな人生をもたらしてくれるのです。

夢実現装置としての読書

カンフー映画を観たりすると、しばらくは、ちょっと自分が強くなったように錯覚《さっかく》します。ケンカをふっかけられても（実際は、そんなことはなかなかないでしょうが）、勝てそうな気がしてしまうのは、ふしぎな現象です。

それと同じで、読書をすることで、しばらくその世界の余韻《よいん》が自分の体に残ります。

旅行記を読んだら、ちょっと海外にふらっと行きたくなります。

ロマンスを読んだら、恋愛がしたくなったり、起業の物語を読んだら、自分で会社を起こしたくなる気分になります。そして、それがうまくいきそうな感じさえします。

ふだんなら、その高揚感《こうようかん》は、数時間（あるいはもって数日間）で消えてしまいますが、それだとちょっともったいない気もします。

せっかく、ふだんと違うモードになったのであれば、その勢いで、旅行の予約をしてみましょう。または、ずっとやってみたかったこと、学びたかった講座のパンフレットを取り寄せましょう。

恋愛に臆病《おくびょう》な人は、思い切って誰かをデートに誘ってみるのはどうでしょうか。

起業に興味がある人は、起業家が集まるパーティーに行ってみたり、起業家の講演会に出かけてみるのです。

すると、ふだんの生活のノリが確実に変わってきます。

そんなことをやったら、ちょっと不安になりそうだと考えるのは当然です。

好きな人に告白しても、相手は好意を持ってくれないかもしれません。

起業したとしても、失敗してお金がなくなるかもしれません。

ひとりで旅行に行っても、寂《さび》しくなったり、思わぬトラブルに巻き込まれるかもしれません。

新しいことを勉強しても、お金のムダになるかもしれません。

そういったことを恐れて、私たちは、たいしたことをせずに人生を生きてきています。

ですが、もし、本の助けを借りて、いままでとは違うノリで何かをはじめたとしたらどうなるのでしょうか。

もちろん、すぐには何も変わらないかもしれません。でも、ひょっとしたら行動し続けることで、結婚、転職、独立など、大きな転機につながる可能性もあるのです。

本は、もうひとりの自分の可能性を感じさせてくれるツールでもあります。

いってみれば、「未来のあなたのひとつの可能性」を見るタイムマシン機能つきの眼鏡でもあるのです。


あなたが、本当はやりたかったことはどんなことですか？

リスクをとって、ワクワクする毎日を送る。

最愛の人と一緒に暮らす。

楽しい家族を持つ。

いまの趣味を本業にする。

海外に暮らす。

など、やりたいことが、本当はあるはずです。

「自分はもう、こんなもんでいいか」と考えたところが、あなたの人生の上限になります。それが不幸というわけではありませんが、変化の少ない人生は後悔をもたらすことが多いといえます。

本を読むことで、怖いけど楽しそうなこと、心からワクワクできることに出会えたら、いまできることを日常的に少しでも行動するだけでいいのです。

そうした自分の選択と行動が、事あるごとにかけ合わされ、その人の人生をつくっていきます。

本のなかに、未来の自分を探す

読書は、夢を実現するプロセスすべてを手伝ってくれる機能を持っています。

まず、自分の理想の状態をはっきりさせるために、読書は有効です。

いまの世の中には、教師、アーティスト、公務員、主婦、実業家、看護師、お店のオーナー、作家、職人、デザイナーなど、ありとあらゆる職業があります。

仕事だけでなく、どこに住むのかも考えてみましょう。

海外に住んだとしたら、いまと気分が全然違うはずです。

あるいは、複数の家を持つというのも楽しいかもしれません。

家族、パートナーは、どんな人がいいですか？

新しく開発したい才能は、何かありますか？

いま、仕事をしていてパートナーや家族がいたとしても、数年でそのすべてが変わってしまうこともあるのです。

波瀾万丈《はらんばんじょう》に生きた人の伝記を読んでいると、「人生何でもアリ」いうことが、わかってきます。

本の主人公ほどには、起伏《きふく》は激しくならないかもしれませんが、それでも、変化を起こしてみようという気分にはなるでしょう。

実際に、新しい仕事をはじめたり、独立してがんばっていく過程で、たくさんの試練に見舞われます。そのとき、「あぁ、無理かも。リスクを冒《おか》さなければよかった」と何度も思うことでしょう。

そういうときに、同じような試練をくぐり抜けた人の本を読んでみましょう。

すると、ふしぎに、八方ふさがりだと思っていたのが、そうではなかったことに気づくはずです。

また、うまくいきだしたとしても、別の苦労が待っています。途中で失敗するのではないかという不安に苛《さいな》まれたり、まわりからの嫉妬《しっと》も出てきます。

そういったことは、その立場になってみないとわからないことですが、相談する相手もなかなか見つからないと思います。

そういうときに、成功した著名人の本には、ほぼまったく同じ体験が書かれていたりして、不安なのは自分だけじゃないんだと、ほっと安心したりするのです。

本に人生マニュアルを求めすぎてもいけませんが、先人の知恵を賢く学ぶことはできます。

愚者は経験に学び、賢者は歴史に学ぶといいますが、次々に降りかかる難問、それを切り抜ける才覚、戦略など、さまざまな生きるヒントが見つかるはずです。

古典を読むと、人類は、個人のレベルではあまり進化できていないことがわかります。

古代ローマにも嘘《うそ》つきはいたし、誠実な人もいたようです。「いまの若い連中は……」といって嘆《なげ》く中年の人のコメントも遺《のこ》されていたりして、ほぼそのままいまと同じ悩みがあったのではないかと思われます。

家族、人間関係、恋人とのことでの悩みは、本質的にはほぼ同じです。

人生の問題の多くは、1000年たっても、あまり変わっていないのでしょう。

夢も同じように、叶《かな》える人と、何もしないで終わる人がいたのです。

夢の大小に関係なく、全身全霊で人生を歩んだ人たちのエネルギーも、道半ばにして挫折《ざせつ》してしまった人たちの想いも、夢を追い掛けないまま人生を生きた人たちの顚末《てんまつ》も、本からたくさん感じてほしいと思います。

その人たちの輝きと苦悩に刺激を受け取りながら、あなた独自の人生をつくりあげてください。

先人の知恵は、本があなたに与えてくれたチャンスだともいえます。

そのチャンスを活かすのは、どう行動するのかにかかってきます。

第2章

何に向かって本を読むのか

読書力があるとは

読書力という言葉があります。

本を読む力とは、どういう力なのでしょう。

私は、読書力とは、「本を自分の人生に取り込む力」だと考えています。

一冊に詰め込まれた著者の知恵、経験、洞察を自分の人生のソフトウェアに組み込むことだともいえます。

人生を生きるノリというのが、誰にでもあります。それは、たいていの場合、子どものころの両親の価値観などを引き継いだり、反発したりしてできます。

そのノリは、すばらしい上司、悪い先輩などに影響されながら、ポジティブ、ネガティブの両方の面で、変わっていきます。

なかでも、読書による影響は、大きいのではないでしょうか。

本を読むことで、これまでとは違った生き方をしてみようと思うことがあります。ハワイでヒーラーをやっている人の本を読んで、その人に憧《あこが》れて実際にハワイに移住した女性がいます。そうやって、読書によって生き方のノリを変える。読書を自分の実生活に活かせるというのが、読書力のある人だといえるのではないでしょうか。

また、私のメンター（人生を導いてくれる先生）のひとりは、「読書は、著者との精神的対決だ」と熱く語っていましたが、読書力というのは、著者と対峙《たいじ》する力ともいえるでしょう。

その人が人生をかけて積み上げてきたものを一冊の本に投入しているわけで、その本と向きあうには、ある程度のエネルギーが必要となります。

その本が持つ歴史的背景を感じ、著者の喜び、悲しみなどの葛藤《かっとう》を感じることができるようになると、あなたの読書力は相当なレベルになっているといえるでしょう。

人生ゲームのルールを本から学ぶ

本から学べることは、実にたくさんありますが、そのひとつに、人生をどう生きるのかということを物語から感じることができます。

人生をゲームととらえるなら、選んだ生き方で、たくさんのルールや見えない規則があります。

たとえば、公務員になったら、公務員としての規範のようなものがあります。まわりとの調和を大事にせず、前例を覆《くつがえ》すことばかりをやっていたら、あなたはきっとまわりから疎《うと》まれるでしょう。

また、アーティストとしての生き方を選んだら、逆に、まわりとは違ったことをやり続けなければいけません。まわりと同じようなことばかりやっていたら、アーティストとしてのキャリアは、すぐに終わってしまうことでしょう。

そういった生き方それぞれのルールを本から学ぶことが、「自分はどれで生きたいのか」という自分の未来のシミュレーションになります。

また、海外で暮らしたらどうなのか、大学院に戻って学位を取ったり、資格を取ったらどうなるのか。本を読むと、「自分だったら、どうなるのか」という具体的なイメージもわいてくるでしょう。

一生を通してみれば、どんな人も、15歳ぐらいのときに想像したのと、全然違う人生になるのが普通です。

あなたが小学校のころからいままでに学んできたことは、たくさんあると思います。

学生時代に勉強したことは、直接仕事には役に立たなかったかもしれません。

あるいは、転職して前の職場で学んだことがムダになった感じがしているかもしれません。

でも、長い目で見れば、過去の体験が生きることがあります。

同じように、読書に関しても、ムダになるということはありません。あなたが読んできたものは、確実に身になっているのです。

だからいま自分にとって必要かどうかを考えすぎずに、自分とは違う生き方をしている人の人生を吸収してもらいたいものです。

どれがいい悪いではなく、いろいろなパターンを見ておくと、「こうやったら、ああなるんだ」ということを考えるいいヒントになりますし、「どう対処するべきか」ということもわかってきます。

読書をすることで、仕事、家族、恋愛についてのいろんなルールを学ぶことができます。そのルールを頭に入れたうえで、実践に活かしてください。

繰り返し読むことで、知恵を血肉にする

あなたは、一度本を読んだら、それっきりにするタイプでしょうか。

それとも、気に入った本は、しばらくして、もう一度読み直しますか。

私は、速読でさっと読み、その本が自分にとって役に立ちそうかどうかを判断します。あまりたいしたことがないなと思った本は、一度しか読みませんが、おもしろいと思ったら、何度か読み直します。

自分に役に立つことがたくさんあると思った本は、少なくとも3冊は買って、いろんな場所に置いておきます。しばらくして読み返したり、線を引いたりして、自分のものにするようにしています。

昔、苦学生は、単語を覚えたら辞書を食べたというまことしやかな伝説があり

ますが、なんとなく、身につくような感じがするからふしぎです。

もちろん食べろとはいいませんが、本当にすばらしい本は、ずっとカバンのなかに入れて、どんなときも持ち歩くといいのではないかと思います。

「この本はすごいと思ったら、最低でも5回は読みなさい」と言われたことがありますが、確かに、繰り返し読む効果はあると思います。

最初読んだときは、文字通り字面を追い掛けているだけで、映画でいうと、あらすじが追えたような感じでしょうか。

すばらしい本に出会えたら、それでお終《しま》いにするのではなく、2度目は、なぜ、作家がこのような作品を書いたのかという視点から読んでみましょう。そして、その物語がどのような意味を持っているのかも見てみましょう。

どんな作家でも、簡単な略歴ならインターネット上に情報があるでしょう。その人が書いてきた作品がいつごろ書かれたのかを、その人の年齢と重ね合わせて見てみましょう。

たとえば、18歳で大学受験に失敗する。25歳で最初の結婚。30歳で独立するも失敗。31歳で離婚。35歳で再挑戦して、また失敗。38歳で最初の本を書き、40歳で再婚、といった具合の年表を理解しておくだけで、本の印象は変わります。

また、母親の死、配偶者や子どもが病気になったりといった不幸に見舞われて、どん底も経験している、そういう状態から本を書きはじめたということを理解して、その本を読むと、全然深さが違ってきます。

自分の人生と重ね合わせて、著者の挫折《ざせつ》、悲しみ、絶望、喜び、ワクワクなどを感じてみるのです。

自分にも似たようなことが起きて大変だったこと、また、苦しみ、悩んだ後に、がんばったことなどを思い出して、著者の人生を想像してみてください。

私の場合、そうやって見ている作家が何人もいます。

たとえば、ドイツ人で作家のミヒャエル・エンデの人生に興味を持っています。

彼は、『モモ』『はてしない物語』などの代表作をイタリアで書いています。海外に住むことで、ドイツ語の美しさを再発見したといっています。

同じように、日本を代表する作家の村上春樹も、代表作のひとつ、『ノルウェイの森』をアイルランドで書いています。別の言語に囲まれた環境で生まれた作品だと思うと、またおもしろい読み方ができるのではないでしょうか。

そして3度目は、自分にとって、どのような意味があるのか、何を学び取り、どう活かすのかについて考えてみましょう。このステップで、本から得たものが、実践で活かされるかどうかが決まります。

単なる外国のすごい人の話だと思って終わるのか、自分も何かやってみようという気分になって、実際に動きだすかの違いです。

その人のエッセンスを自分に取り入れて、最初の一歩を踏むのです。

いきなり、すごいことをやらなくてもいいのです。何か行動してみましょう。

すばらしい本は、人の心をわしづかみにし、人を行動に駆《か》り立てます。

読むたびに気づくところが違う本が、名著といわれる本です。

最近出版されている多くの本が、残念ながら複数回読むに堪えられないような質ですが、すばらしい本は、何度読んでも、気づきを得ることができます。

自分の心の深層に迫る

読書を自分と向きあうために使えるようになってくると、自分のことがよりわかってきます。

読書は、人の感情を揺さぶります。ガンで死にいく人が書いた本。父親、母親が子どもに向けて書いた本。余命わずかの子どもが親に宛てた本。恋人やパートナーに書いた本。自分の感情にダイレクトに訴えかけてくるような本を読むことで、感情的な起伏《きふく》を味わうでしょう。

ふだん、あまり感情を感じることがない人でも、当事者に感情移入して泣いてしまうかもしれません。そういう彼らのパワフルな感情を受け取るうちに、自分の感情とつながっていくのです。

感情は、かならずしもポジティブなものだけではありません。なかには、ネガティブでダークな感情もあります。

嫉妬《しっと》、怒り、恨《うら》み、呪いなど、ふだんあまり意識しないような感情が、読書で身近になります。

そういう感情がなければ、ケンカや殺人、戦争は起こらないわけです。逆にいうと、本に出てくるのは、普通ではなかなか起きない極端な感情の爆発が起きる場面です。

そういうときに、自分のなかにもダークでドロドロした激情があることに気づくのではないでしょうか。その心の闇《やみ》を感じていくと、あなたはいままでよりも、深みのある人間になっていくでしょう。

なぜなら、世の中には、ネガティブなものが、半分存在しているのに、それを無視して生きている人が大半だからです。

明るくて楽しいだけの世界は、存在しません。この世界には、ポジティブなものとネガティブなものが半分ずつあるのです。というか、ひとつのものをどちらから見るかだけなのです。

そういった世界の真理も、読書をする過程で、感覚的に身についていきます。

ふだんポジティブ思考でガンガン仕事をしている人は、ネガティブで悲しい小説を読めば、バランスがとれるのかもしれません。

また、ネガティブに陥っている人は、明るくてのんきな小説を読むと、違った世界が見えてくるでしょう。

自分のなかにある感情にどんなものがあるかは、本が正確に見せてくれます。嫉妬深い自分、人を恨みに思ってしまう自分、競争に負けたくない自分などが、心の奥深いところに、ヘドロのようにたまっています。

それを読書によって、少しずつ浄化《じょうか》することができます。そういう人物が出てきて、疑似《ぎじ》体験することで、自分のネガティブな部分、ずるい部分、見たくない部分にも、光が当たるからです。

意識していないかもしれませんが、感情の浄化作用も読書にはあると私は考えています。

読書は、お金儲けにつながるか

「読書をお金に換える技術」といったタイトルの本が出ています。

本好きとしては、読書とお金儲《もう》けを一緒にしてほしくない気もしますが、確かに、読書と、仕事、収入については、相関関係はあると思います。

これまでに、何千人という世界のお金持ちと出会ってきて思うのは、お金持ちの多くは、たくさん本を読んでいることです。

豪邸の一室（たいていはリビングの隣）には、三方の壁一面に本が詰まったライブラリーがあって、素敵な知的空間になっています。

その人が小さいころから読んできた本のコレクションがずらっと並んでいて、なかにはシェイクスピアなどの古典も混じっています。ちょっとインテリの人は、ラテン語の本なんかもあります。実際に全部読んだかどうかは、わかりませんが、知性を重んじる傾向があるのは確かです。

もちろん、お金持ちのなかには、成り上がり系の人がいます。そういう人のなかには、本を読まない人がいるのも確かです。「本を読むのは面倒くさい。知っている人に聞けばいい」と考えているのでしょう。

肉体労働派、直感系の人は、本からよりも、耳学問で直接誰かに教わるのがいいのでしょう。もちろん、それはそれでいいと思います。

でも、一方で、読書をする人の平均年収は、本を日常的に読まない人よりも高いというデータがあります。

常に学ぼうという意識がある人は、向上心があるので、仕事でも結果を出しやすいのでしょう。

本が好きだから自動的に年収が上がるわけではないと思います。

とはいうものの、本をじょうずに読むことで、経済的に成功しやすいのも一方で事実だと思います。それは、なぜでしょうか。

本を読む人ほど、成功しやすい理由

本を読む人が成功しやすいのには、理由があります。それは、読書で成功する事例をたくさん知ることができるからです。

ビジネスの成功は、クリエイティブなアイデアを出して、それを実行していくこと、チームなどを動かしていくことなどのかけ算でできています。

画期的なアイデアといっても、ゼロから生まれたアイデアより、もともとあるアイデアの組み合わせでできていることのほうが多いのです。

読書家のビジネスマンは、他の業界の成功例を学んでいたり、過去のうまくいった事例や海外の事例を読んでいます。

したがって、自分のビジネスを展開するときに、いろんなプランを持って、事に当たることができます。

うまくいかなくても、あらゆる可能性を頭のなかに何十通りも持っているので、想定外のことが起きても強いのです。

同じように、読書によって、過去のさまざまなタイプの人が失敗した事例を知ることは、ビジネス、政治、教育、料理、アートなど、どんな世界でも役立ちます。

成功にはいろんなパターンや要素はありますが、失敗のパターンはだいたい決まっています。

それは、『三国志演義』のような古典から学ぶこともできるし、起業家の失敗談が書かれている本を読んで知ることもできます。

たとえば、失敗は、客観性を失ったときに、その種が産まれます。そしてその人が傲慢《ごうまん》になったところ、いろんな問題が起きます。

それは、古代ギリシャ、ローマの時代から、世界各地で起きています。

トップが傲慢になって、話を聞かなくなったとき、組織の崩壊がはじまります。

個人の失敗も、ほぼ似たようなことから起きます。たいていは、自分を見失ったときです。自分の器がわからなくなったり、欲望にのみ込まれてしまうとき、失敗の落とし穴に落ちるのです。

パートナーやまわりの人の言うことが聞けなくなったら、ズレがはじまります。しかし、自分の聞きたくないことを言う人は避けたくなります。

そういうときに、読書という習慣さえあれば、先人たちがあなたの未来の可能性として、情けない姿を見せてくれます。そこではっと気づける人もいるでしょう。

もうひとつ、読書で身につけられるのが、ミリオネアマインドです。

豊かに生きている人は、ミリオネアマインドともいうべき、豊かさ意識を持っています。

この世界には十分な富がある。分かち合うほどうまくいく。

そういったことを実践してきた人の生き方にたくさん触れ、マネしていくうちに、豊かな生き方が実現できるようになっていくのです。

自分のことが理解できるようになる

学生時代、本をたくさん読んでいたころ、友人から、「おまえの日本語は難しい」と言われたことがありました。

ふだん使う言葉に、聞き慣れない言葉を使っていたからです。

本を読むと、自然とボキャブラリーが増えます。

ボキャブラリーには、2通りあります。アクティブ・ボキャブラリーと、パッシブ・ボキャブラリーです。

アクティブ・ボキャブラリーは、ふだんあなたが使う言葉です。パッシブというのは、受け身という意味で、ふだんは使わないけれど、理解はできるという言葉です。

この、聞いたらわかるという言葉が多い人ほど、ある意味で教養があるといえます。たとえば、「たおやかな女性」というと、一瞬で細身の美しい仕草《しぐさ》の女性を想像する人もいるし、「?・?」となる人もいるでしょう。ひけらかす必要はありませんが、難しい言葉をよく知っている人は、人間的に奥行きがある空気感をまとうようになります。

そして、たくさん言葉を知らないと、自分のことを表現することができません。たとえば、自分の感情を表現しようと思ったときに、本を読まない人ほど、ボキャブラリーが少なすぎて、小学生のような感じになってしまいます。気分が悪いとか、イヤな感じがする、悪いなと思っている、ぐらいしか言えないのです。

言葉の裏には、世界が広がっているのです。

その感情を分析していくと、「罪悪感《ざいあくかん》」という言葉が出てくるでしょう。その罪悪感にも種類があって、それが何なのかを見ていかないと、自分が何を感じているのか、はっきりすることができません。

それはたとえば、「自責の念」といった、自分を責めるような感情かもしれないし、「悔悟《かいご》」というとりかえしのつかないことをしてしまったと後悔するような感情かもしれません。また、「良心の呵責《かしゃく》」といった、モラル的なことかもしれないし、「後ろめたい」という気持ちかもしれません。

そういうボキャブラリーがなければ、自分のなかにあるモヤモヤした気持ちを、「イヤな気分だ」という言葉にしか集約できません。

それが明確にできないと、いつまでたっても、気持ちは晴れないままです。

言葉を知っていることで、自分のことが理解できるようになるとは、こういうことなのです。

ふだん、自分の教養をひけらかす必要はありませんが、言葉を知っていることで、自分のことがよりわかりやすくなるというのは、知っておいて損はないでしょう。

ボキャブラリーを増やすことで、内面だけでなく、世界に何が起きているかについても詳しくなります。それは、言葉を知ることが、あなたの認識能力を高めることになるからです。

知識よりもはるかに優れた力を身につける

海外に出て、一流の人たちと触れて感じるのは、いかに彼らが歴史、アート、音楽、文学に造詣《ぞうけい》が深いかということです。

パーティーで話すことも、たいていは、音楽、アート、文学などがテーマになります。政治や宗教のことを話すのがマナー違反であることを考えると、そういったことに話題が限られるというのもあるのでしょう。

日本から来たというと、禅について聞かれることがあります。また、よく知っている人は、ワビサビについて質問してきます。私の場合、最初に外国人にワビサビのことを聞かれたのは19歳のときでした。てっきりワサビだと思って、大恥をかいたことがあります。

アートなら、印象派の数名の名前、代表作ぐらいは知っておきたいし、現代アートの巨匠といわれる人たちの名前をスラスラ言えると、ちょっと教養があるように見えます。

こういう種類の教養を英語では、リベラルアーツといいますが、欧米のエリート教育を受けた人たちは、家庭でも、学校でも、絵画、音楽、文化について話す習慣があるので、20歳を過ぎたころには、専門知識だけに偏《かたよ》らず、すべての分野に関して、一通りのことを知っているのです。

残念ながら、日本の高校や大学、あるいは家庭では、こういったことを深く教わることはほとんどないので、独学で身につけていくしかありません。

神道《しんとう》の歴史、日本の神様の系譜、仏教との違いなど、1時間ぐらい講演できるネタを持っていると、海外でも、この人は、教養があると思われるでしょう。

どれだけ外国語がぺらぺら話せても、仏教と神道の違いを聞かれてしどろもどろになるようでは、日本人としてちょっと恥ずかしいのではないでしょうか。

また、日本の現代作家についても、ある程度読み込んでおく必要があります。

川端康成、安部公房、吉本ばなな、村上春樹の本は、少なくとも数冊を読んでおかないと、「おまえは本当に日本人か？」と言われてしまいます。私も20歳のときに、実際にそういうことを言われて、恥ずかしく感じたことがありました。

教育が大事だということは、多くの人が考えていると思います。

教育とは、基本的な一般常識や社会でやっていくために必要な知識です。そういうものを若いうちにきちんと身につけることは、社会人として大切だと誰もが思っています。

しかし、学校の勉強が教育だとすれば、多くの人は、よほどの勉強好きを除いて楽しくなかったのではないかと思います。それは、正しい、間違いがはじめからあって、それをテストされるからです。

では、教養については、どうでしょうか？

教養というのは、その人の人格の一部のようになって、にじみ出てくるようなものです。それは、採点できるものではないし、いい大学、いい大学院に行ったからといって自動的に身につくものでもありません。

世界で活躍する人たちは、さまざまな分野の知の体系を自ら学習し、教養を深めることで、言語的知性や論理数学的知性だけでなく、空間的知性や音楽的知性、対人知性、心内知性といった力を高めているといえます。

それは人生で役立つという意味では、教育によって身につける知識よりもはるかに優れているものです。

あなたも、読書をすることで、そうした力を培《つちか》い、発揮できるようになれるのです。

そして、新しいことを知るのは、いつも楽しいことなのだ、ということに気づいてほしいと思います。

学校での勉強で失ってしまったその純粋な感動を、読書によって取り戻してもらいたいと思います。

好奇心のままに、いろんなことを学ぶのは、誰にとってもワクワクする体験です。あなたの好奇心を刺激するようなおもしろい本を見つけて、どんどん読んでください。きっと、もっとたくさんの本を読みたくなってくると思います。

本から、生き方のセンスを学ぶ

いまの生き方のノリを積極的に変えたいと思うなら、古いものを知るか、自分が慣れ親しんだ文化以外の人たちのことを学ぶのがいいと思います。

その意味で、外国のことについて書いてある本を読むのはいいと思います。

もうひとつは、自分が生きている時代とは違う時代のものを読むことです。

古典は、そういう意味で、すばらしい教材です。なぜなら、時代を超えて、格《かっ》好《こ》いい生き方があるからです。男性として、女性として、こういう爽《さわ》やかな、格好いい生き方があるのか！　と思うと、本を読んでいても、ワクワクします。

たとえば、杉原千畝《ちうね》の伝記を読むと、彼の悩み、葛藤《かっとう》、そして勇気を感じます。

外交官なのに、本国の命令に背《そむ》いて、ユダヤ人のために、通過ビザを発行した彼の勇気には、ただただ感服《かんぷく》します。もちろん、即決できたわけではないでしょうが、最終的に6000人にビザを発給したのです。

たった1か月と少しの間に、手書きでサインをし続けたわけで、体力的にも大変だったはずです。その後、彼は外務省を追われるように辞めたようです。

彼のように「自分の信じる道を生きる」人の生きざまを感じるだけでも、自分の何かが変わります。

私の人生にもっとも影響を与えたひとりは、ジョン・レノンです。

彼は二人目の息子の誕生を機に音楽的なキャリアを休止して育児休暇に入ります。そんな彼の生き方に憧《あこが》れて、育児セミリタイヤをはじめました。

自分の大切なもののために、時間をかけるという当たり前でも、なかなかできないことをやってのけた彼の生き方に、しびれました。そうやって、本のなかの人物の生き方に影響を受けるのも、読書の醍醐味《だいごみ》だといえます。

本にかぎらず、自分の体験を振り返っても、「この人はすばらしい」と思える人に出会えるというのは、人生最大のギフトだと思います。

発想を楽しみ、オリジナルの発想を高める

読書の楽しみのひとつに、著者のクリエイティブな発想に触れるというのがあるのではないでしょうか。

「そんな考え方があるのか！」という驚きは、軽いショックとともに、自分の小さな器を壊された快感をもたらしてくれます。

自分の発想力が弱っていると思ったら、本のなかでも、奇想天外なストーリーに触れてみましょう。

仕事で壁を感じていたり、キャリアの方向性に悩んでいたら、畑違いの人が書いた本を読むと、いい感じで脳のトレーニングになります。

また、これまで、あまり考えてこなかったテーマと向きあうことで、いままで

とはまったく違った視点で、物事をとらえ直すことができます。

いま、世の中にあふれるアイデアの多くは、誰かが以前に考え出したものの焼き直しだったり、かけ算で生まれています。あなたも、ちょっとした心がけで、ユニークなアイデアを量産することができるようになります。

私が、枯渇《こかつ》せずにどんどん本を書けているのも、日本語と英語の本を自由に読みこなすことができるからです。

特に英語のベストセラー、翻訳されていないユニークな本を日本語と同じように読めるというのは大きなメリットだと思います。

また、自分のいるフィールドとは違った本を手当たり次第読んでいるので、たえずアイデアが浮かんできます。

革命家、アーティストは、特に変わった発想をします。彼らの枠にはまらない生き方や考え方は、すぐには実生活には活かせないかもしれませんが、知識として知っているだけでも、ふとしたときに、それまでいたところとはまったく違う世界へと入っていくアイデアとして形になるかもしれません。

小説を読んで、情緒豊かに生きる

小説が大好きな人は、実はたくさんいます。小説は売れないといわれて久しいですが、それでも、年に何千冊という本が出版され、何千万部も売れています。図書館で借りて読む人も含めると、潜在的な小説好きは、数え切れないぐらいいるでしょう。

人は、なぜ小説を読むのかといえば、もちろん、楽しいからでしょう。小説を読んで心をわしづかみにされる、涙が出る、感動できる、ワクワクするというのも、多くの人が本を読む理由ではないでしょうか。

小説は、かならずしもハッピーエンドになるわけではなく、どちらかというと、人間の暗部があぶり出されるようなもののほうが多いかもしれません。

でも、簡単なハッピーエンドにならないほうが、リアリティーがあります。というのも、人生で起きるいろんなことは、なかなかハッピーエンドにはならず、中途半端で終わることも多いからです。

なかには、救いようのない終わり方もよくあります。でも、そういう小説を読むことで、なんともいえない感情の起伏《きふく》を私たちは体験します。

そして、悲しい物語を読み終えた後には、複雑な感情が残ります。

あえて、分析すると、失望、あきらめ、怒り、絶望などが、ごちゃまぜになっている状態でしょうか。

でも、そういう割り切れない感情とともにいるからこそ、情緒《じょうちょ》豊かな人になれるのです。喜びを感じられたら幸せ、怒りや悲しみを感じたら不幸と考える人がいますが、どんな感情もしっかり感じられる人が幸せなのです。

小説には、人の感情を揺り動かす力があります。

自分の感情をあまり感じない現代生活においては、やや刺激的ですが、読む人の人間回復にも役に立っているのではないでしょうか。

人生計画を立てるための読書体験

さきほどもお話ししましたが、数年間の育児セミリタイヤ時代は、読書の時間もたっぷりとれて、一日の大半を読書と思索《しさく》の時間にあてていました。

まだ娘が生まれたばかりのときは、布おむつを使っていたので、一日10枚以上洗わなければいけませんでした。そのため、洗濯に時間をとられましたが、それ以外は、静かな時間でした。

そのころ、ありとあらゆる本を読みました。

ビジネスの第一線で仕事をしていたころは、マーケティング、販売心理学、会計など、ビジネスの実務的な本ばかりを読んでいました。

育児を中心とした生活をするようになって、そういった本には興味を失い、子育て本、小説、古典、伝記、哲学書などを読むようになりました。将来、また仕事に戻ったときは、そんなにゆっくり時間がとれるとは思えなかったからです。

結果的に、その数年間に読んだ本の知恵が自分の深いところに響き、これから30年をどうやって生きるのかということを考えはじめました。

35歳から65歳まで10年単位で区切り、長期の人生計画を立てたのです。

その計画にしたがって、いま生きていますが、4年間、あらゆる可能性をじっくり考えたので、大幅に変更することなく、おもしろい人生になりました。

実業家、アーティスト、政治家、教育者、職人ではそれぞれ人生のノリが全然違います。どういう分野で生きるのか、営利、非営利のどちらの世界で活躍したいのかによっても、人生が全然違ってきます。

あなたは、自分の人生の10年単位の計画を持っていますか?

全然その通りにならなくていいので(いや、たぶんならないといったほうが正確でしょう)、ぜひ立ててみてください。

なぜ、それをやるかというと、長い視点で人生を考えることができれば、いまの自分には何が足りないのか、何をすればいいのかがわかってくるからです。

人生を10年ごとに区切ると、生まれたときから10歳までは、子ども時代。10歳から20歳は、青少年の時代。20歳から30歳は、自分が確立する大人の基礎期。30歳から40歳が、発展期。40歳から50歳までが、大人の充実期。50歳から60歳までが、大人の総まとめ期。60歳から70歳までが老年初期。70歳から80歳までが老年後期といえます。

ざっくりとでもこんな感じで見ておくと、それぞれの時期に何をすればいいのかがわかってきます。

もちろん、個人差が激しいでしょうが、長い間に、仕事をどうするか、お金とどうつき合うか、家族を持つか、持たないかなどで、全然違う人生になります。

それぞれの時期をどう過ごすのか、自分なりのテーマをもって探してみると良書がたくさん見つかるはずです。それらを参考にして、後悔のない生き方を目指したいものです。

メンターとなる本が、最高の部分を引き出してくれる

いま、さまざまな本が出ているので、仕事関係の大半の知識は、読書をすることでまかなえるのではないでしょうか。

たとえば、仕事上のマナーについては10冊も読めば、だいたいのことを押さえることができます。

また、会計のことを知りたければ、複式簿記、税務などの本を30冊も読めば、基礎的なことは学べるでしょう。

セールスならば、実務書を数冊。そして、トップセールスの人が書いた本を数冊読めば、基本のスキルはわかるはずです。

マーケティングも、いろんな方法があることは、数冊読めばわかります。

実践的なことは、現場に出て体験してみないとわからないでしょうが、それでも、知っているのと知らないのでは大きな違いがあります。

特に、その分野で成功している人の話を聞くことは、価値があると思います。本一冊ぶんの値段で、その人が仕事や人生で知り得た大切な知恵やノウハウを分かち合ってくれるのですから、本は、とても割安なしくみです。

私の父はお金がなかったために独学で、税理士試験に合格しましたが、「本は最高の先生である」とずっと言っていました。まさか、自分の息子が作家になるとは想いもしなかったでしょうが、そういう父の影響を受けたことは間違いありません。

本は、あなたの人生の師になりえます。人生訓や成功哲学の古典といわれる本は、あなたのメンターとして、大きな方向性を見せてくれるでしょう。

ただし、過去の偉人をメンターにするためには、最低でも、その人の生き方や考え方についてよく知っておく必要があります。

「この人みたいな人生を送りたい！」という人が見つかったら、その人が書いた本か、その人に関して書かれている本を少なくとも10冊は読みましょう。

すると、その人が人生の岐路《きろ》で何を感じたか、考えたか、どう行動したかの年表が頭のなかに入ります。たとえば、その人は、自分と同じ時期に、学生だった、大学で研究をしていた、ビジネスを起こそうとしていた、選挙に出ようとしていた、恋愛で悩んでいた、といったことが、想像できます。時代によっては、革命を起こす、投獄される、命を狙われるといったことがあったかもしれません。

そういう年表とともに、過去の偉人の生き方、考え方をインストールして生きると、意識がしゃきっとするでしょう。

そして、折あるごとに、イメージのなかでメンターに人生相談をしてみましょう。

「独立しようと思うんですが、どうでしょうか？」

そして、本を開くと、大切なのは準備だということが書いてあったりします。

ゲームのように、本をメンターにすることで、あなたの必要な情報を得ることができます。人生の選択肢を何倍にも増やしてくれ、あなたの最高の部分を引き出してくれるでしょう。

本をそのままマネしてはいけない

よく、テレビの番組で、「マネしないでください。危険です」というテロップが流れることがあります。

本にも、ぜひそういう但《ただ》し書きを入れてもらいたいものです。

なぜかというと、本のなかに出てくる事例のほとんどが、すごすぎて普通の人はなかなかマネできないからです。

お金もコネも何もないところから一大企業をつくる人がいます。装備もないのに、冒険に出かける青年の物語を読んだことがある人もいるでしょう。

そういうチャレンジをすることはすばらしいですが、現実の多くは失敗に終わっていることを知っておきましょう。

成功物語は、本になるぐらいですから、普通とは違って、すごく特殊な例なのだぐらいに思っておいたほうがいいのです。

それは、恋愛のマニュアル本なんかもそうでしょう。こういうシチュエーションで口説《くど》けば絶対に大丈夫ということが書かれていても、かならずしもうまくいくわけではありません。

起業の物語も、奇跡的にうまくいった人だから本を書いているわけで、その裏には、同じことをやったのに失敗した人たちが何十人もいるのです。

本がウソをついているというわけではなく、確率的に難しいのだということは知っておいていいでしょう。

そのうえで、もし、可能ならやってみたいなと思うのか、失敗するリスクがあるならやめておこうと思うのか、です。

本気で生きている人の迫力に触れるのはすばらしいことです。

私も、いろんな成功物語から、「どうせ一度きりの人生なら、こんな感じで生きたい」とたくさん刺激を受けてきました。

成功した物語を読むと、自分の成功した姿もイメージしやすくなります。ロッククライミングと一緒です。絶壁《ぜっぺき》を登るとき、下からどの岩をつたっていけばいいのか何時間も見るそうですが、前にすいすい登っていく人を見れば、どこが簡単なのか、難所なのかがわかります。

そのイメージとともに、自分はどうするのかを考えてみる、そのセンスが問われるのです。

本のなかに出てくる成功体験だけでなく、失敗談にも気を配りましょう。両方を頭に入れておくほうが、きっと実践に役立つことでしょう。

先人の知恵を借りながら、自分はどんな人生にしたいのかを学び、選択する。そうやって人生という山登りを楽しんでほしいと思います。

本から学べること、人から学ぶべきこと

本から学べることは、たくさんあります。すべての書籍が過去の人類の英知のデータベースだと考えると、注意深く本を選ぶことで、あなたの知りたい情報を手に入れることができます。

本から学べるのは、過去の事例です。それは、国の運営といった大きなことから、友人、家族、夫婦のコミュニケーションのコツを知ることができます。

自分の体験からは出せない知恵を先人から借りることができるのです。

一方で、人からしか学べないこともあります。それは、人付き合いの機微《きび》というか、空気感といったものです。

たとえば、レストランや会議室などの上座、下座の位置などは、本で学べたと

しても、どのように会話をすすめていくのか、商談に入るタイミングなど、実際にその場にいないとわからないことがあります。

そういったことは、尊敬するメンターのような人の動きを見て、学び取っていかなければならない類《たぐい》のことです。本では、なかなかつかみとれない知恵といえるでしょう。

それは、口伝《くでん》でしか伝えられません。なぜなら、その場にいないとキャッチできないものだからです。

すばらしいメンターは、会話の端々にその人柄がにじみ出てくるような話し方をします。でも、音楽を言葉で表現するのには無理があるように、その話の内容を文字起こししても、その美しさや優雅さは、伝わりません。それは、料理の描写がどれだけうまくても、味が伝わってこないのと似ています。

その場にいて、はじめて感じ取れるような空気があるということを知るのは大事です。

本から学べるものと学べないものがあることを知っておきましょう。

第3章

どうすれば読書はおもしろくなるか

とにかく、おもしろい本を一冊読むこと

「本が好きだ」という話をすると、かならずといっていいほど、「オレは嫌いだよ。本なんか読むヤツの気が知れない」と言い返してくる人がいます。そのトーンが、ちょっとシニカルで、本好きを馬鹿にしたような感じだったりします。

本が好きな身としては、好きな女の子をけなされたような寂《さび》しさがあります。

かといって、嫌いなものを好きにさせるのは、なかなか難しいものです。

なぜ、人は、本が嫌いになるのか？　このテーマについて考えてみましょう。

本が嫌いになった人は、これまでの人生（特にごく小さいころに）で、すごくおもしろい本に出会わなかったことと、読書を誰かに強制されたからだと思います。

読書が嫌いになるのは、教科書や副読本など、つまらない本ばかり読んできた

ということがあるのではないでしょうか。

すごくおもしろい本を読んだら、人は誰でも読書にはまります。次に、もっとおもしろい本はないのか？　と思うからです。

それは、すばらしい映画を観たり、音楽を聴いたりしたら、同じ監督が撮ったもの、同じ俳優が出ているもの、同じミュージシャンが演奏しているものを観たり、聴いたりしたいと思うのと一緒です。

本も同じで、第1巻がおもしろければ、続巻を読みたくなるのが普通です。たとえば、J・K・ローリングの『ハリー・ポッター』シリーズは、本好きを相当増やしたはずです。映画にもなっているので、映画から本の世界に入る人も多かったかもしれませんが、子どもにとっては、最高の入り口でしょう。

あなたにも、きっとそういう本があったはずです。エドガー・アラン・ポーの推理小説や、モーリス・ルブランの『怪盗ルパン』シリーズなど青少年向けの物語、星新一などのショートショートが、読書の入り口になった人は多いでしょう。

また、本というのはもともと、自発的に読むものです。自由がなければ、成り立たないのです。

にもかかわらず、親や先生から本を読むことを強制され、しかも、読書感想文まで書くようにいわれるのは、「文章を読むことと書くこと」の両方を嫌いにさせる課題のようなものです。もし、あなたに子どもがいて、本好きになってもらいたければ、やってはいけないことのひとつでしょう。

偏見かもしれませんが、読書嫌いでいることは、とてももったいないことをしていると思います。人類の英知につながれないわけで、現代でいうと、ネットにつながっていないのとほぼ同じことではないでしょうか。

本は、人類の過去の歴史のデータベースです。その膨大《ぼうだい》な情報から、自分にぴったりな一冊を見つけてくる技術があるのと、ないのとでは、全然違います。

本を読むのが苦手な人は、過去の本との不幸な出会い方で楽しめなくなっただけなのです。だから、もう一度すばらしい本と出会い直すことができれば、きっと本を楽しめるようになるはずです。

本好きの友人に、「おもしろい本ない？　すごくワクワクして止められないような本がいいな」と聞いたら、次に会うときには、持ってきてくれるかもしれません。

私の友人で本好きのひとりは、お勧めの本を聞いただけなのに、数日後に、段ボールひと箱を送ってきてくれました。本好きは、たいていお節介《せっかい》なのです。

どんな分野でもいいので、まずは一冊の本を読むことが、本との出会い直しの方法ではないでしょうか。

それは、実務的に仕事に役立つ本でもいいし、恋愛の指南本でもいいでしょう。海外旅行に行く方法でもいいし、英語をマスターする方法でもいいのです。

ミステリー、時代小説も、はまりやすい、おもしろい本がたくさんあります。

本っておもしろいなと思いはじめたら、そこからが新しいスタートです。

一度、おもしろい本にはまると、次々に読みたくなります。学生なら一日中本を読んでいてもいいでしょうが、社会人は大変なことになります。ミステリーのシリーズを下手に買ってしまったら、1週間は寝不足を覚悟しなければいけなくなるでしょう。

一冊の本を最後まで読む習慣ができたら、しめたものです。きっと、ある種の征服欲が出てきます。最後まで読んでやった、本に勝った！　というふしぎな高《こう》揚感《ようかん》が出てくるからです。

本を読むのに、最初は、がんばらなければいけないかもしれません。それは、自転車の最初のふたこぎと似ていて、必要なことです。

でも、10ページぐらい読み進めたら、後は楽しくて自然に読んでいる自分に気づくことになるでしょう。

そうやって、10冊くらい、おもしろい本を読んでみましょう。すると、そのうち、どこにいっても本を持っていきたくなるようになります。

コツは、読むべき本ではなく、読みたい本を読むことです。

あなたが「おもしろそう！」という本だけを読めばいいのです。そのうちに、どの本がおもしろそうかがわかるようになってきます。

人生のタイミングを逃さない

一冊の本を読んで人生が変わったという人は、たくさんいます。けれども、本を読んでも何も感じないという人もいます。

私が常々ふしぎだなと思うのは、インターネット書店での書評の書き込みです。すごくよかった！　と思って高評価をつける人もいれば、くだらなかった、お金を返してほしい、という人もいることです。

同じ本なのに、そこまで評価が違うものなのです。

ということは、本の内容もさることながら、読者の感性と人生のタイミングがカギなのではないかと思います。

自分が変わりたいと思っているタイミングで出会うと、「人生を変える出会い」になるし、退屈ななかに埋没《まいぼつ》してそれでよしとしていると、それに合ったものに出会い、あまり何も感じることはないでしょう。出会いはすべて、その人の生き方を反映しているといえるのです。

その意味でも、特に若いころに、良書を読むのはとても大切なことだと思います。それは、すばらしい人物に出会うのと同じで、若いころのほうが、フレッシュな感覚でとらえることができるからです。ある程度の年齢になると、自分と比較してしまったり、社会的に怖《お》じ気《け》づいてしまったりして、深いところで影響を受けにくくなります。

私も、20歳ぐらいから、いろんな人と会いましたが、いま考えると、本当に極上の人たちに引きあわせてもらったなと思います。

でも、それは偶然起きたわけではなく、自ら求めていた結果でもありました。すばらしい本との出会いも同じです。自分から積極的に動いてはじめて出会えると思います。

もし、この作家は自分の感性と合うと思ったら、もう一冊読んでみることをお勧めします。そして、できれば、最低でも5冊は読んでみるといいのです。1冊の本を読んだら、その人のことがわかるということはありません。

どんな作家の本も、たいていは、処女作にエッセンスが詰まっています。優秀な作家は、そこからさらにすばらしい作品を生み出しますが、たいていは、最初の数冊ですべてを出し切ってしまいます。

優れた作家は、さなぎが蝶《ちょう》になるように、途中で進化して、才能を開花させていきます。作風が変わったり、創作活動の苦しみや家族との葛藤《かっとう》などを経て、人間的な成長を果たすのでしょう。

そのため、同じ作家の著作を5冊読むと、その人の人生観がどんなものか、感覚的につかめるようになります。

そして、著者の持っている感性の豊かさも、なんとなくあなたの一部になることでしょう。

この人、自分と感性が合う、好きだなと思ったら、ぜひ数冊続けて読んでみてください。きっと、あなたの栄養になるはずです。

目がつぶれるほど本を読む

これまでに多くのメンターから教えを受けて、いまの私があります。

本当に充実した、おもしろい人生を送りたいなら、折に触れて指導したりアドバイスしてくれる存在は、不可欠だと私は思います。

私の学生時代のメンターのひとりは、有名な大学の教授でした。その先生には、強烈な教えを授けてもらいました。

先生が若い研究者だったころ（いまから60年前ごろでしょうか）、目の病気のために、数年で失明する可能性があると診断されたそうです。

いったん悲嘆《ひたん》にくれて落ち込んだ後、先生は覚悟を決めます。

「目がつぶれるまで、本を読み倒す！」

どうせ失明するなら、それまでに大好きな本を読もうと決めたのです。

それから、昼夜を問わず、ずっと本を読む生活が続きました。ふしぎなことに、その気迫に病が退散したのか、1年後には、目の病気が完治したそうです。それくらい本を読んだよと懐かしそうに語っていました。

当時、その話を聞いた私は19歳だったので、自分も目がつぶれそうになるまで本を読んでみようと思いました。それからは、24時間ずっと本を放さない生活をしてみたのです。

カバンには、いつも数冊の本を入れていましたが、筋力トレーニングにもなるし、一石二鳥でした。電車でも、歩きながらでも、トイレでもお風呂でも、ずっと本を読んでいました。

まわりは相当おかしなヤツだと思っていたようですが、変わった人がいっぱいいる大学だったので、許されたのかもしれません。

そういう読書に関する強烈なメンターがいたことも、20代の知的生活をおもしろくしてくれたと思います。

目がつぶれるまでというのは、やや極端ですが、人生のごく早い時期にたくさんの本に親しみ、知的活動を開始することは、一生の財産になります。

それは、いまあなたが想像したよりも、はるかにおもしろい人生に変わります。

いま、20代、30代の人には特にお勧めしたいことです。

もちろん、40代からでも遅くはありません。人生80年の時代です。40代からはじめても、まだ半分もあるのです。

毎日少しでも本を読む習慣がある人と、ない人は、10年後、大きな違いが出るはずです。

たくさん読むことで、自分を広げる

本をたくさん読んだからといって、教養というのは簡単に身につくものではありませんが、情報量という意味では、たくさん読んでいる人のほうが、知的活動にプラスになるのは間違いないでしょう。

年間5冊しか読まない人と、年間50冊読む人では、10倍の情報量の違いが出ます。また、500冊読む人は、5冊しか読まない人の実に100倍の情報量の違いが出ます。

たとえば、何かの分野について知ろうと思ったら、10冊の本を読めば、だいたい概要がわかります。

ある程度の専門家になりたければ、100冊読むことです。

もちろん、本をたくさん読んだから、それがすぐに身につくわけでもありませんが、1冊の本を1週間かけて読むよりも、1時間で読みきったほうが、記憶に残りやすいのは確かです。

同じような本を立て続けに10冊読むことで、相互の本が言っていることの違いも、よりわかりやすくなります。

また、まったく逆のことを言っている本を数冊ずつ読めば、両方の立場がわかります。

たとえば、邪馬台国《やまたいこく》という古代日本の国家の場所が、どこにあったのかという論争があります。

九州にあったという九州説と、関西にあったという畿内《きない》説があります。その違う立場に立つ学者が書いた本を読むと、両方の学説の概要がわかります。もちろん、まだ真相ははっきりしないのでしょうが、ミステリー小説を読んでいるようで、楽しめると思います。

そうやって同じテーマでも複数の本を読んでいくと、次々と好奇心の対象が広がっていくとともに、自分のものの見方、感じ方に偏りがなくなっていくのです。

ただ、それが理想といえますが、多くの人にとっての問題は、読書にあてられる時間でしょう。

読みたい本が100冊あっても、一冊を読む時間がかかりすぎたら、1週間に数冊しか読めません。そのため、本を読むスピードを上げなければいけないと考える人も多いでしょう。

私も、本を一生懸命に読むようになって、この問題にぶつかりました。ちょうど、そういうときに、先輩に、速読というスキルがあるということを教えてもらいました。

また、同じころに、外国語をマスターしようと思っていたので、脳と眼のつながりについての研究や、言語の研究もはじめました。

学部は法学部だったのに、ほとんどの時間をそういったことに費やして、友人から不思議がられましたが、その後、独学で通訳をやれるまでになり、速読も、いろんな方法を学び、それまでの何十倍も速く読めるようになったのです。

誰でも1ページを1分以内に読むことができる

世の中には、たくさんの速読法があります。いま売れ筋の本でも、いろいろあって、流派がそれぞれ違うようです。

文字を認識するスタイルもあれば、画像として処理するようなスタイルもあります。また、理論的なものから、ちょっとオカルト的なものまで、幅広くあります。

「どれが一番いいですか？」と聞かれることが多いのですが、困ってしまいます。それは、私自身、手当たり次第いろいろな速読を学んできたので、どれが効果的なのか、よくわからないからです。

本も同じで、どれがいいですかと聞かれて困るのは、正解がないからです。

ですから、健康法と同じで、自分の体質に合うものを選ぶといいでしょう。誰にでもできて一番簡単なのは、眼をいままでよりも速く動かす方法です。速読のソフトウェアやアプリもあるので、いくつか安いものでいいので試してみてください。1時間ぐらいのトレーニングで、何倍かのスピードで本が読めるようになります。

それは、眼がゆっくり動いていたために頭に入ってこなかったのが、眼のスピードが速まるにつれ、脳が活性化されるからです。

もし、おもしろそうだと思ったら、もう少しお金を出して、教材を買ったり、セミナーに出ることをお勧めします。たった数日のトレーニングをするだけで、一生効果があるとしたら、そんなにいい投資はありません。

速読に関して一番難しいのは、「そんなに速く読めるはずがない」という自分の思い込みです。この思い込みがいったん外れれば、速読だけでなく、いろんな才能も一緒に開花します。

画像認識の才能を使って、ぺらぺらと本をめくり頭に入れてしまう速読法は、ちょっと魔法のようですが、しばらく訓練をすると誰にでもできると思います。ぜひ、いろいろ試してみてください。

どんなトレーニングであれ、速読の一番の入り口は、心のなかで音読をやめることです。そのかわり、目で字を追い掛けるのです。

普通は、小学校のころからの癖《くせ》で、眼に入ってくる字を心のなかで音読しながら読んでいるのではないでしょうか。しかし、心のなかで、ゆっくりと字を追っていては、ほぼ声に出して読んでいるのと同じスピードでしか読めなくなります。最初は、違和感があると思いますが、心のなかで読まずに、字面を目で追い掛けていくと、1秒で数文字は読めるようになります。

それだと、意味がわからないのではと頭のブレーキがかかると思いますが、30分ほど練習すると、音読から解放された自分にびっくりするでしょう。

音読から解放されたら、今度は、上から下へと文章を追い掛けてください。すると、たった1秒で1行が読めるようになります。そのトレーニングを続けていくうちに、大きなジャンプがやってきます。

次は、もう行の上から下に目を移動させずに、1行すべてを一瞬で見る練習をします。すると、視界を広げれば、1行が0・1秒で見えるようになるはずです。

その次のステップは、パラグラフを一瞬で見ることです。もうここまで来ると、本を読んではいません。写真を撮るような感じに近いかもしれません。同時に、高度な画像認識ソフトも起動させ、写真を撮るのと同じスピードでOCR解析して頭のなかで文字起こししていくようなものです。

この練習を繰り返していくうちに、1ページを1分もかからずに読むことができるようになります。

もちろん、すべてが頭に入らなくてもいいのです。その本が自分のなかに流れ込んでくるようなイメージを持っていると、ふしぎにその内容が理解できるようになります。

どこまで速く読みたいかは、あなた次第ですが、一冊のだいたいの内容を数分でつかめたら便利ではないですか?

おもしろそうだと思ったら、いろんな速読法を学んでみてください。

すべての本を速読しなくてもいい

速読の話をすると、すぐに、「そんなに速く本を読みたくない」と言う人がいます。

でも、速読ができるようになったからといって、本を速く読む必要はありません。自分の意志で、ゆっくり読むこともできるのです。

DVDプレーヤーでいうと、早送り機能がついている機種と、ついてない機種のようなものです。ふだん使わなくても、ちょっと物語の展開がだるいなとか、CMを飛ばしたければ、3倍速で進める。そういう便利な機能が速読です。

そういう機能が読書に使えたら、便利ではないでしょうか。

当たり前ですが、何でも速く読むのがいいとはかぎりません。あまり速く読みすぎると、小説などは、情緒《じょうちょ》がなくなります。

3時間のデートを30分に短縮して、喜んでくれる相手はいないのと同じです。

私も、好きな小説は、できるだけ速く読まないように、じっくり時間をかけて読みます。せっかくのフルコースのディナーを30分で搔《か》き込むように食べるほど、もったいないことはありません。

私の場合は主に、本屋さんで速読を使っています。どの本を買って帰るのかを判断するために、速読するのです。

まず、平積みになっている本を手前右から手にとります。だいたい、一冊あたり、数分で概要をつかみます。そして、おもしろそうだと思ったら、かごに入れ、そうでないものは、棚に戻します。

この最初の取捨選択のためだけでも、速読をやる価値があると私は思いますが、どうでしょうか？

速読は、ツールです。毛嫌いせずにぜひ身につけてもらいたいと思います。

本当は、小学校の教科に入れてもらいたいと考えています。

遅読、精読のすすめ

一方で、ゆっくり読むことを勧めたい本もあります。

それは、たとえば、詩集などの言葉を大切にしているもの。文章が優雅で音楽のような美しいリズムを感じさせる本です。

たとえば、三島由紀夫や谷崎潤一郎の文章は、独特のリズム感があり、モーツァルトやバッハなどのクラッシック音楽を聴いているような気分になります。

現代作家でも、みなさんもお気に入りの人が一人や二人はいるのではないでしょうか。そこまで名文家でなくても、作家には独特のリズム感があるものです。内容もそうですが、そのリズム感が気持ちよくてその人の本を読んでしまうという人は多いと思います。

自分の大好きな作家の文章をワインを味わうように、ゆっくりと読むのも読書の喜びです。

時には、万年筆を取り出して、お気に入りのノートに、名言を書き写したり、フレーズを書くというのも、素敵な本の読み方ではないでしょうか。

私は、作家という仕事柄もありますが、美しいフレーズを見つけたり、日常会話でも、素敵な表現を聞いたら、鉱山でダイヤモンドの塊を見つけたようなハイな気分になります。

知らない人がカフェで隣で話していたとしても、いいことを聞くと、割って入って「それ、良い表現ですね」と話しかけてしまいます。

自分の気に入ったノートに、大好きなフレーズをコレクションしていくと、きっと数年で、あなたのボキャブラリーは、増えていきます。

そして、ちょっとした日常会話でも、そのセンスのよさがキラッと光るようになります。

「わからない」が「わかる」に変わる喜び

読書をすれば、自信がつくかということを聞かれます。

これは、人によって違いますが、間違いなく自信にはつながると思います。

パーティーなどで、若い読者の方から、「健さんの本が、最初から最後まで読んだ最初の本です」と恥ずかしそうに言ってもらえることがよくあります。

そして、「どうでした?」と聞くと、「すごい自信になりました。あれから、本が好きになって、たくさん本を読めるようになりました」という言葉が返ってきます。著者として、うれしいかぎりですね。

一冊を読みきったという完了感が、自信につながるのでしょう。

そういう点では、全集などのシリーズを読んでいくことができれば、もっと自信がつくのではないでしょうか。
本には、読みやすい本と、難解な本があります。

最初のうちは、読みやすいもの、楽しいものからスタートすることをお勧めします。

でも、読みやすい本ばかり読んでいては、成長はありません。時には、1ページ読むだけで眼がチカチカしてしまうような本にも挑戦してみましょう。

たとえば、それは古典かもしれませんし、自分が知らない分野の専門書かもしれません。

難しい本を読解していく喜びは、山登りと似ています。中途半端なボキャブラリーでは、とうてい歯が立たない。これは、いまの装具や体力では登れないと、悔《くや》しく思うのと似ています。

でも、そういう本があるおかげで、もっと難しい言葉を知りたい、知識を増やしたいと考えるでしょうし、同時にワクワクもします。

数年たって、そういう本がある程度読みこなせるようになった快感は、山を征服したような気分かもしれません。

読書を楽しんでいる人は、一生かけて読んでいこうと思う本が何冊もあります。たとえば、ドストエフスキー全集27巻をとりあえず買ってはある。退職したら、少しずつ読もうと思っているというのは、とても素敵だと思います。

いまは、全集ブームが去ってしまい、古本屋さんで大量に売られています。本好きとしては、悲しいことですが、読者としては、チャンスかもしれません。

作家としては、定価で買ってもらいたいところですが、絶版になっているものも多くあります。そういう掘り出しものを探して、買ってみましょう。

この作家は、難しいけど、読んでみたいなという人が見つかれば、ぜひ自分のラインアップに入れておいてください。

すぐに読まなくても、本棚に飾ってあるだけで、将来の読書が楽しみになると思います。

正しいか、間違っているかで読まない

本を読むとき、つい考えてしまうのが、「正しい」と「間違い」に関してのことです。この著者が言っていることは、すべて正しいと感じたり、全然間違っていると感じることもあると思います。

考えてみれば、どんなときも、どんなことも、正しい、間違いは、いつも主観的なことで、立場が違うと正反対の意見になることがあります。

本を書く人は、だいたいにおいて曖昧《あいまい》な立場に甘んじる人は少なく、自分の立場がはっきりしています。

中立な立場で書かれている本よりも、やや極端な見地からとうとうと論を展開している本のほうが多いのです。

それは、ある時代に、著者が属していた文化や宗教的な背景が、その考え方や人生観をつくっているわけです。

当時、とてもリベラルな人でも、いまの基準で見れば、全然ずれているということもよくあります。たとえば、すべての人は法のもと公平に扱うという理念のもとに戦ったアメリカ独立戦争のリーダーたちのなかには、奴隷を所有している人もいました。いまの感覚では、おかしいなと思うでしょうが、１７７６年のアメリカの文化では、おかしくなかったのです。

あるいは、どんなに理想に燃えた人でも、盲点があることがわかります。

そういう意味で、本を読むときは一度、正しい、間違いをヨコに置いて、中立的に読む癖《くせ》をつけましょう。そうしないと、一方的な見方しかできなくなります。

著者の論点を追い掛けながら、たえず反対側も見ておくと、自分のことがよくわかってきます。いったん受け止めたうえで、自分がどう感じるのか、じっくり見てみましょう。

そして、「誰も正しいと言う人はいない」ことを思い出しましょう。

本に書き込むのは、思考を拡大させるため

本に感想を書き込む人がいます。また、きれいに本を読むタイプの人がいます。

あなたは、どちらのタイプですか?

どちらがいいというわけではありませんが、自分と違うタイプの人のいいところを学ぶことはできます。

本に書き込みたくないタイプの人は、本を神聖なものととらえて、汚したくないという人でしょう。それは、子ども時代からの刷り込みだと思います。

また、きれい好きな人も、あまり書き込んだり、本のページを折ったりするのがイヤだと思います。

私は、基本的には、何も書き込まずに読みますが、本当にいいと思った本は、

3冊買うようにしています。

メモや感想の書き込み用、お風呂用、きれいに置いておく用です。

書き込んだり、線を引いたり、ページを折ったり、付箋《ふせん》を貼る作業は、普通に本を読むよりも、積極的で楽しい時間になります。

そうすることで、著者と対話しているような気分にもなれます。

私の場合、本によっては、線を引く、蛍光ペンでマーカーを引くなどの方法で、著者のメッセージをいろいろと加工します。

また、赤、青、黒、シャープペンの4色ペンをずっと持ち歩いていて、原稿のチェックと、本の書き込み用にすぐに出せるようにしています。すべてのカバンに1本、車のシートのところにも、キッチン、自分のデスクまわり、トイレすべてに置いています。

そこで、思いついたアイデアをさっと書きとめておくと、それが新しい講演会、セミナー、本のネタになります。友人の本のタイトルや章立てのアイデアが浮かぶときもあります。

そういうときには、紙のメモが便利だと思います。スマホのメモ帳アプリに打ち込んだり、音声認識ソフトに吹き込むよりも、紙にさっとメモするほうが、まだ数倍速いと思います。

ちょっと話はそれましたが、自分の知的活動のツールの一環として本をとらえると、本というのは自分の外付けハードディスクのようなものともいえます。その本に、メモを書いておけば、自分の思考を拡大させるのにとても役立つとも考えられるでしょう。

ただ字面を追い掛けるのではなく、一冊の本がつくり出す知的世界と戯《たわむ》れる、あるいは格闘することで、その本のエッセンスが体に入ってきます。

そうやって、積極的に関わることができれば、一冊の本を読み終えるときには、もう気分は、著者と共著の本を書いているようなものです。

2冊買っておけば、もう1冊はきれいなままなので、まだ許せるのではないでしょうか。本のなかに書き込むことに抵抗がある方は、ぜひお勧めです。

読書ノートがライフワークにつながることもある

読書ノートをつける人がいます。一方で、読書ノートなんてつけないほうがいいという人もいます。どちらがいいのでしょうか。

私は、自分が学んだことをまとめるのが好きなタイプの人は、ノートをつけたほうが楽しいと思いますし、それがいちいち面倒なタイプの人はつけなくていいでしょう。

私の場合は、作家になる前は育児セミリタイヤをしていたので、本を読んだ後には、暇に飽かせてノートをつけていました。

本を読んだだけでは、どこか完了した感じがしなかったので、読んだ本のエッセンスや、読んだ感想、それがどのように役に立ったのかといったことをまとめるようにしていました。

それが、後に自分の本の中身になっていったわけですが、当時は自分が本を書くなど、大それたことは考えたこともありませんでした。占い師が来て、あなたのいまのノートの中身が、100冊の本になっていきますよと言われたら、なんかの詐欺《さぎ》だと思ったことでしょう。

私の読書ノートは、ここがおもしろかった、このフレーズは心に響いた、ワクワクした、こういうことをやってみようなど、夢日記のようなものでした。

でも、そういうつたない文章やアイデアが、後のライフワークにつながっていったと思うと、そう馬鹿にしたものでもないと思います。

読書ノートをつけはじめてみると、最初は、自分の文才のなさにうんざりするかもしれませんが、いい文章を書こうと思わないことです。

自分の感じたままを書いていると、それが、将来きっと役に立つときがきます。

そうして、読書ノートに飽き足らなくなった人は、本の感想をブログやSNSにアップするというのもアリではないでしょうか。

それを読んでいる人から、連絡があるかもしれませんし、なかには、それがきっかけで友だちになったり、結婚する人もいるぐらいです。

自分の感想が誰かのためになるのはうれしいことですし、文章を書く練習にもなります。

ブログやSNSには、読者が何人増えたかという数字も出るので、励《はげ》みにもなるのではないでしょうか。

本が好きな人は、文章を書くのも好きなことが多いようです。

自分の感じていること、考えることを文章に書いて、読んでもらうのは、実に快感です。一度その味を知ってしまうと、後には戻れないほどです。

それは、人間には、表現欲のようなものがあって、それが適度に満たされることへの快感があるからでしょう。

表現しただけで満足できるぐらいなのに、それが評価されてしまったら、やみつきになってしまうかもしれません。

もちろん、批判的なコメントが返ってきたら、一日落ち込むかもしれませんが、それでも、表現したいという気持ちのほうがそれを上回るはずです。

人の本の評論をしているうちに、思わぬ才能が開花して、ライターや作家になるという人もけっこういます。実は、私もそのひとりです。

ですから、文章で自己表現をしたいと思ったら、どんな媒体でもかまわないので、自分の感じていること、考えることを、ぜひ書いてみてください。

いきなり作家デビューなどを思い描くと、気恥ずかしくなってしまったり、自意識過剰になってしまいます。ですから最初は、誰にも見せないという前提で書いてみるのもアリでしょう。

そうして、だんだんまとまってきたら、そのうちの自信作をあまりネガティブなことを言わない友人に見せてみればいいのです。

少しでも、ポジティブなことを言ってもらえたら、俄然《がぜん》やる気が出てきます。

文章をじょうずに書くことができれば、自分の考えていること、感じていることを表現できるようになります。そのスキルは、仕事でもプライベートでも、とても役に立つはずです。

両親の人生を変えた本を教えてもらう

私の父は、本が好きでした。というか、人間不信だったので、どちらかというと、人よりも本を信じているところがありました。

本には、人生の答えが書いてある、本は裏切らないと、何度も言っていました。

そんなに本が偉いのかなぁと、子ども心に思ったほどでした。

税理士試験を独学で突破した父にとっては、本が先生であり、友人だったのでしょう。

そんな父が座右《ざゆう》の書としていたのは、『群を抜く道』という本でした。それは、昭和9年に書かれた本で、当時の若者を鼓舞《こぶ》したといいます。

その本に啓発されて、一念発起して税理士になった父がいました。彼ががんばったおかげで、経済的には、何不自由ない生活をさせてもらったわけです。

私は自分が生まれるはるか前に書かれた本に、助けられたといえます。

その結果、私は、いい教育を受けることができました。そして、次の世代である私の娘も、その恩恵を受けています。

そう考えると、一冊の本は、容易に三世代に影響を与えるのです。

あなたにも、そういう本があるかもしれません。両親に聞く機会があれば、ぜひ聞いてみてください。

お父さんにとって、お母さんにとって、「人生を変えるような本ってあった？」と聞いてみると、本がそう好きでもなさそうな両親が、数冊の本のタイトルを言ってくれたりするのです。

当然ですが、あなたのご両親にも若いころがあって、その本を読んで留学を決めた、就職先を決めた、独立を決めた、結婚を決めたということがあるのです。

不安で人生の選択に迷っていた若いころの両親のことも想像してみると、おもしろいと思います。

両親の読書体験を見ることで、あなたの人生の成り立ちも見えてきます。あなたの生き方は、望むと望まざるとにかかわらず、あなたの両親が原型となってできあがっています。

両親がどのような本に影響を受けて生きてきたのか、どのような本によって価値観をつくってきたのかは、あなたの生き方に何かしらの影響を与えています。

その真実と向きあうことが、新しい生き方をつくり出していくために、とても役に立ちます。

また、両親が若いころ好きだった本を教えてもらえれば、どんなことに興味があったのかも、想像できると思います。

両親の知らない側面をうかがい知ることができるでしょう。

ふだん会話がなかったとしても、本をきっかけに、思わぬ話題が見つかるかもしれません。

ふだん読まない分野の本を教えてもらう

おもしろい本と出会うには、本好きの友人のなかでも、自分と趣味がちょっと違う人に紹介してもらうのが一番いいと思います。

自分と好みが同じではなく、ちょっと感性が違うくらいの人のほうが、ふだん自分では絶対に手にとらない、変わった本を紹介してもらえます。

また、書評を参考にするというのもいいでしょう。

新聞や雑誌には、かならず、書評のコーナーがあります。売れ筋か最近出たばかりの本が多くなるわけですが、そのなかにも、掘り出しものがあります。

書評を書く人のセンスがよければ、どんな本も、「読んでみたい!」と思ってしまいます。

これまでに、書評を読んですぐに注文をしたことが何度もありますが、たいていは「当たり」でした。さすがに、それを仕事にしているような人なので、何百冊のなかからお勧めを出しているからでしょう。

雑誌の書評は、その読者が興味を持ちそうな本を紹介してくれるので、そのぶん、自分が読まなさそうな本を見つけることができます。

ふだん自分が読まないような分野の本を読むことで、世界がぐっと広がります。おもしろいミステリーを読むと、読書の楽しさを味わえます。ロマンスノベルや純文学の本を読むことで、ふだん忘れがちな感性を鋭敏《えいびん》にすることができます。ジョーク集やコメディータッチの本を読むと、自分のコミュニケーション力を豊かにすることができるのではないでしょうか。

建築の本、料理の本、音楽の本、エステの本なども、ふだん読まない人にとっては、新鮮な内容でしょう。

分野違いの本を読むすばらしさは、いまの仕事や生き方のヒントが思わぬ形でもらえることです。

抱えていた問題解決のカギが、まったく別の時代の、今の自分とはまったく関係のない本を読んでいて見つかったりするのです。

それは、あまりにも畑違いなので、ふだんなら気がつかないかもしれません。

でも、人間の営みは、違っているようで、似ています。

歴史小説に、いまのマーケティングのヒントを得て、ライバルを味方にして、共同マーケティングをやって、成功させた人がいます。

それは、戦って共倒れになるよりも、仲間になったほうが有利だという戦国時代のストーリーを読んでインスピレーションを得たのでしょう。

人間がどういうところで喜んで、どういうところでガッカリしたり、怒るのかは、この数千年変わっていません。その歴史のデータベースから学べるとしたら、その効果ははかりしれません。

本はすべての人間にとっての共有財産です。有効に活用したいものです。

興味ある分野は、読書の先生を持つ

すばらしい人物に出会うチャンスが訪れたときには、ぜひ、その人の人生を変えた本についても聞いてみましょう。

その人と同じ読書体験をすることは、あなたの人間的な成長に、きっと役に立ちます。

私が、20歳のころは、いつも人と会うたびに、「あなたが若いころ読んで、人生が劇的に変わったという本を3冊教えてください」と聞くようにしていました。

そして次の日に、本屋さんや図書館で探して、読み、すぐに感想文をお礼状代わりに書いて喜んでもらっていました。

私にとっては、新しい世界を知ることができる、メンターも見つかる、ご飯をご馳走《ちそう》になれると、いいことばかりでした。

また、私が本好きだということを知って、会うたびに図書券をプレゼントしてくれる人も現れました。いま、私が本をプレゼントしたりするのが大好きなのは、そのころの思い出があるからです。

ある分野についての本をたくさん読んでいる人は、適切な本を勧めてくれます。たとえば、「ビジネス書なら、この10冊を読むといいよ」と教えてくれる人がひとりでもいるだけで、とても助かります。

教える人も、自分の好きな分野なので、教えてあげられることに喜びを感じるようで、どちらのためにもなっていると思います。

たとえば、スピリチュアルな本を読もうと思ったとして、それに詳しい人に聞いてみましょう。

すると、「スピリチュアル系は、いろいろあってね、ひとくくりにするのがそもそも難しいんだよ。スピ系には、宇宙人系、ヒーラー系、神道《しんとう》系なんかがあって……」という感じで、知識を披露してくれるでしょう。彼らにとっての分類方法なので、正しいかどうかはわかりませんが、独自の視点を学ぶこともできます。
私は、そういう感じで、いろんな分野に詳しい人たちから、読書の手ほどきを受けてきました。たとえば、純文学なら、この人から入ると入りやすいとか、直木賞と芥川賞はどう違うとかいう話を教えてもらううちに、自然と文学に関する知識が増えていったのです。

本に詳しい人とお茶をするだけで、とても勉強になります。

彼らも、パートナーや友人がそこまで本好きでない場合、なかなか蘊蓄《うんちく》を傾ける相手がいないので、親切にいろいろ教えてくれるでしょう。

彼らにお勧めの分野に関する本を数冊挙げてもらうようにお願いすると、「え〜、数冊は難しいな。とりあえず10冊挙げておくよ」などと言って、タイトルと著者名をスラスラとメモに書いてくれるかもしれません。

できれば、勧めてもらった本をすぐに読んで、お礼のメールを書いてみてください。きっと、喜んでくれます。また次回、いろいろ教えてもらえるでしょう。

ミステリー小説、海外の小説に詳しい人など、本好きでもいろんなジャンルがあります。

同じミステリーでも、列車系、サスペンス系、警察系などさまざまにあります。海外の小説も、1920代からはじまって、最近の「ザ・ニューヨーカー」という雑誌の常連作家の話まで、実に幅広いものです。

本好きの人と話をしていると、本のタイトルや著者名が、何十と出てきます。本をよく読んでいる人にとっては、親しみのある名前でも、そうでないと、さっぱりわからないでしょう。でも、そういう会話にがんばって入っていくうちに、知っている作家の名前が少しずつ増えてきます。

そこでようやく、ただ話を聞くだけでは知りえなかったことを学べる会話ができるようになります。

聞き慣れない作家の作品を何冊か読んでおくと、次の機会には、もう少し会話に加われるようになって、どんどん楽しくなってくることでしょう。

本屋さんに行く喜び

この本を読んでいるあなたは、本屋さんに最低でもひと月に1回は行くのではないでしょうか。

本が大好きな人は、毎週1回、あるいは週に2、3回は行っていると思います。

いまは、出版のサイクルが早いので、1か月も行かないと、平積みになっている本がだいぶ入れ替わっています。

ですから、最低でも2週間に1回は行かないと、新刊に出会えなくなります。売れ筋でなくなると、すぐに返品されてしまうので、その本に出会うチャンスが永遠になくなってしまうのです。存在を知らなければ、インターネット書店であっても探し出すのは困難でしょう。

私が本屋さんに行くたびに、本をまとめて買うのは、油断するとすぐに棚から消えてしまうからです。特に、よさそうだけど、すぐ消えてしまいそうな本は、その場で買うようにしています。

本屋さんのなかには、セレクトショップ的に自分たちの得意なものを集めているところがあります。

写真集に強い、アートや音楽関係に強い、スピリチュアルに強いなど、特徴がある本屋さんは増えています。

それぞれ、オーナーの趣味があって、こだわりのセレクションがあります。普通の本屋さんや巨大な本屋さんだと埋もれてしまう本も、こういうセレクトショップなら、出会うことができます。

本屋さんを編集力という視点で見ると、わかりやすいのではないでしょうか。

インターネット書店は、ほぼ編集なしです。膨大《ぼうだい》な情報のなかから好きなものを選ぶようになっています。分野別ランキングぐらいしか、選ぶ基準が見つかりません。

本屋さんに行くと、思わぬ喜びがあります。

あなたがこれまで、あまり考えてこなかったテーマを扱うコーナーに行くと、知らない世界があることに気づけます。

男性の場合は、女性書のコーナーに行くと、ふだん自分が触れることのない世界がそこにはあります。ちょっと恥ずかしいですが、パラパラ手にとってみましょう。

女性の場合も、自分が行かないところに行くと、違ったものを見ることができるでしょう。

それが好きかどうかはともかく、自分がふだんいるのと違う世界を体験するのは、決して悪いことではありません。

私たちはすぐに、自分が見聞きしたことによってのみ世界をとらえてしまいがちですが、世界には、たくさんの違う種類の人がいるのです。

無駄だと思うものにも、出会ってみてもらいたいものです。それに触れてみることで、これまでとは違った感覚で、物事をとらえ直すことができると思います。

ベストセラーは読むべきか

本屋さんには、ベストセラーがずらっと並んでいます。

「ベストセラーにいい本はない」という評論家がいますが、かならずしも私はそうではないと考えています。雑誌の特集にもなったりする本のなかには、読んでおもしろかったと思うものもあります。

本がベストセラーになるためには、テーマ、タイトル、時流などが一致する必要があります。

どれひとつ欠けても、ベストセラーにはなりません。もちろん、ちょっと軽いタッチの本のほうが売れやすいという傾向はありますが、読者もバカではありません。読んでみておもしろいと思う要素がなければ、さすがに売れないのです。

そういう点では、時代の流れを一番感じやすいのが、ベストセラーです。どういう本が売れるのか、いまの世の中の空気を感じるためにも、ベストセラーには、目を通すことをお勧めします。

まったく意味のないベストセラーはありません。ひとつ、ふたつは、キラリと光るコンセプトがそこにはあると思います。

世間の人が、どういうところに惹《ひ》かれているのかも、意識してみましょう。

また、古書店で、10年前、20年前にベストセラーになった本を手にとってみるのも、おもしろいと思います。

特に、大部数売れた本は、ワゴンでワンコインの値段で売っています。当時の世相を知ることもできるので、買っても損はないでしょう。

本を図書館で借りたり、友人から借りて読む人がいます。

もちろん、経済的な余裕がない場合は、やむを得ないでしょう。また、友人から借りる楽しさもあるので、それはそれで楽しいと思います。

でも、本当に本の中身を身につけたかったら、お金を惜しんではいけません。

人は、お金を払ったら、元をとろうという感覚を持つもので、そのぶんだけ学ぶことに一生懸命になります。

そして、これが自分の本だと思うと愛着もわきます。手元に置いておくことで、繰り返し読み、新しい発見を得る機会も出てきます。

そのためにも、これは！ と思った本はなるべく買うようにしましょう。

余談ですが、人から本を借りてしまうと、お互いに忘れることがあります。おもしろいのは、貸した側が覚えていることのほうが多いことです。

借りるときに、いつ返すかを約束して、そのタイミングでちゃんと返しましょう。お金の貸し借りと一緒で、そういうことにルーズになってしまうと、本好きの友人を失うことになってしまいます。

お礼の気持ちと感想を添えて本を返せば、あなたのことを好きになってくれるはずです。

きっと、今度は、別のオススメの本を教えてくれるでしょう。

駄目な本をどう見分けるのか

あなたが、月に4冊本を読むとして、年間50冊。あと30年生きるとしたら、1500冊しか読めない計算になります。40年なら、2000冊、50年なら、2500冊です。今度、本屋さんに行ったら、本棚を見渡してください。そして、そのなかのほとんどをあなたは読めないという事実を感じてみてください。

毎週1冊読んでも、本棚数本ぶんしか、これからの人生で読めないのです。そう考えると、自分が読む本を厳選しないといけないことがわかると思います。

映画は、いったん観はじめると、くだらないなと思っても、なかなか途中でやめるのは難しいですが、本にも同じようなところがあります。特に、本好きな人は、一度読みはじめたら、途中で読むのをやめるのはいけないことだと考える傾向があります。

途中で読むのをやめるのは、けっこう勇気がいります。というか、靴下にご飯粒がついてしまったような気持ちの悪さを感じます。

でも、この本はダメだと思ったら、もう先を読まないことも大切なのです。

そのためには、駄目な本の見分け方を知るのも大事です。

まず、あまり役に立たない本は、著者が読者のために書いていない本です。持論を延々と展開するだけで、読者にとってどう役に立つかという視点がない本は、得るものがあまりないかもしれません。

有名な著者の本のなかにも、役に立たない本は混じっています。ライターと数時間の打ち合わせで一冊つくってしまうような本は、あまり読み応えがないでしょう。

編集者の手が入ってないものも、あまりお勧めできません。誤字脱字があったりする本は、編集者、校正者があまり関わっていない本です。また、手にとった感じで、スカスカしているなぁという印象の本は、よくないかもしれません。

本ができるしくみを知っておく

読者の立場から、どういう本を選べばいいのかを考えるとき、本がどうやってできるのかを知っているのも大切なことでしょう。舞台裏をバラすようですが、本好きにとっては、おもしろいかもしれません。

本は、編集者と著者の出会いによって命を得ます。たいていの場合、編集者から著者にこういう本をつくりませんかというアプローチがあって、著者がその気になって承諾《しょうだく》すると、執筆開始ということになります。

このあたりは、ちょっと結婚とも似ているかもしれません。プロポーズして、婚約が決まり、子どもが生まれるといった感じでしょうか。

逆に、著者のほうから編集者や出版社に売り込むというパターンもあります。

こう聞くと簡単なようですが、実は、ここから出版までには大きな関門がいくつかあります。

本を出版する前のプロセスですが、出版社で編集会議、営業会議というものがあります。編集会議は、企画会議ともいわれ、出版社によって異なりますが、だいたい月に1回です。なかには毎週やっているところもあるようです。

この会議で担当者が、プレゼンを行ない、無事合格となれば、次の営業会議にかけられます。

編集会議では、その本がおもしろそうか、コンテンツとして成り立つかどうかが議論されます。

営業会議では、その本が、ずばり売れそうか、ビジネスとして成り立つかどうかが議論されます。

そのため、編集会議は通っても、この営業会議で落とされるケースもよくあります。さきほど、本が出るまでのプロセスは結婚と似ているという話をしましたが、お互いに相思相愛であっても、両親にその仲を引き裂かれるということもあるのです。

晴れて、編集会議、営業会議の両方を突破したとしても、今度は、部数を決定する段階で、その本の運命は翻弄《ほんろう》されます。

最終関門は、本の問屋さんである取次各社が、どれだけの部数を引き取ってくれるかどうかです。

出版社が、2万部刷りたいといっても、取次各社が、それは多すぎる、そんなにとれないというと、1万部に減ることになります。

そんなプロセスを経て、本が出るのですが、毎月、編集者はノルマに追われて、本をつくる作業で精一杯です。新しい著者を発掘する余裕はなかなかありません。

もちろん、新人の著者を見つけ、それがベストセラーになるのが理想ですが、そんな有望な著者はまずいないし、いたとしても、最初の本をつくるには、とにかく時間がかかります。年間10冊、20冊を出していかなければいけない場合、いますでに作家として活動している著者に当たるのが確実なのです。

ところが、人気の先生だと、もう出版スケジュールは来年までいっぱいで、そこに入り込むのは容易ではありません。

そんなわけで、「ライターをつけますので、3時間だけお時間をとっていただけませんか？」と交渉し、その先生のインタビューを肉付けして、一冊の本に仕上げるという形でできた本が大量生産されるようになっているのです。

以前、消費期限が過ぎた肉を混ぜて売っていた業者が摘発《てきはつ》されて、問題になっていましたが、本の場合は、ふしぎなことに許されているのです。

その作家の昔の原稿やインタビュー記事をつぎはぎして、インタビューと混ぜ込んで、一冊の本にして売るわけなので、構造としてはまったく同じなわけです。

出版の世界では、他の業界で許されないことが、普通に行なわれています。その本を読んだからといって、お腹が痛くなるわけでもないので、そこまで問題視されないのでしょう。

あなたも、気の抜けたジンジャエールのような本を買って、「損した！」と思った体験があるのではないでしょうか。そういう本をつかまされてしまうことが多いぶん、本当にいい本に出会うと喜びが倍になるのです。

自分に合う本は、良くて10冊に1冊しかない

昔、アラスカに行ったとき、体験ツアーの一環で砂金を掘ったことがありました。2時間ぐらいやりましたが、砂金らしき数粒を見つけるのに苦労しました。川の砂を何十杯もザルに入れては、フルイにかけての繰り返しでした。こんな作業で一山当てようなんて、とんでもないと思った覚えがあります。

いい本を見つけるのも、同じようなところがあります。

本屋さんで数冊買って帰っても、どれもたいしたことがなくてガッカリしたことはありませんか？

本自体はすばらしくても、その本が自分に合う、合わないということもあります。それがピッタリくるのは、私の感覚では、10冊に1冊。下手をすると、30冊

に1冊ぐらいではないかと思います。

線を引いたりするほどの本は、100冊に1冊ぐらいでしょう。

普通の人はここで、怠《なま》け心が出ます。あらすじや要点をまとめたサイトなどを見ただけで、読んだ気になります。でも、これは、砂金を掘る作業と一緒で、自分で苦労してフルイにかけないと見つからないものなのです。

いまの若い人のなかにパートナーがいない人が多いのも、うなずけます。自分に合うパートナーに出会うためには、何十人と出会って、ガッカリしなければいけないわけですが、そのプロセスを経るのがイヤなのです。

10冊のなかに、良書が1冊混じっているとしましょう。

このとき、自分と合わない9冊の本にできるだけ会わないように考える人は、ムダに買ってしまった9冊ぶんを不要なコストに感じてしまいます。

でも、賢い人は、良書が、そもそも10冊ぶんの値段だったと最初から考えます。なので、9冊ぶんに費やす時間とお金は、ベストな1冊に出会うコストだと考えればいいのです。

10年以上、売れる本とは

村上春樹曰く「時代の波に洗われても、残ることができた本」が本物です。

ひとつの指標として、10年、20年たっても、まだ売れ続けるというのが、あるのかもしれません。

それは、いま、発行されている本の1000冊に1冊もないかもしれません。

その本に人の心を打つ何かがないと、長く残らないはずです。

名作と呼ばれるものには、共通点があります。

それは、その本が、真理をついていることです。

いつまでも心に残るような物語であったり、幸せや豊かさについて共感できるポイントがいくつもあったり、成功と挫折《ざせつ》の体験のなかに学びになることがある本は、長く読み継がれていきます。

特に古典といわれる本のなかには、そういう要素があります。

古代から、人類は進化しているようで、あまり進化していません。

何千年も前から、愛、友情、努力、裏切りなどに、一喜一憂してきました。

飢餓《きが》、天災、戦争などにも翻弄《ほんろう》されてきました。

そのなかで、人は、懸命に生きてきて、命をつないでいます。

その時々で、究極の決断を迫られる人はたくさんいました。

愛する人と敵味方で戦わなければいけない。愛する祖国を捨てなければいけない。そういう過酷なシチュエーションのなかで、友情を第一にできた人もいれば、信頼を裏切る人もいる。そういうドラマに、時代を超えたリアルさを私たちは見るのでしょう。

どれだけ時代は変わっても、人間が大切にしたいと考えるものは、そう変わらないのでしょう。

そういうエッセンスが入っている本が、ずっと書棚に残るのです。

30年前に流行った本を読んでみる

一世代前というと、だいたい30年前でしょうか。ちょうど、それが時代の一サイクル前になります。

そのころに流行《はや》ったものが、また流行ることがあります。

それは、子どもを30歳で産むとして、30年でちょうど一世代、人間が入れ替わるからでしょう。

私が「○○代にしておきたい17のこと」シリーズを書いたのは、30年前に、同じような年代別に書かれた本が売れていたのを知っていたからです。

おかげさまで、180万部を超えるベストセラー・シリーズとなりましたが、

私は、この本を書くために、30年前に売れた本を数十冊、中古書店から取り寄せ

ました。

当時の本は、いまよりももっと字が小さくて、一ページあたりの文字数も多いのが印象的でした。みんなこんな小さい字を読めていたのかなぁと心配してしまうほど、びっしり字が詰まっています。

数十冊読んでいくうちに、なんとなく時代の空気感もつかめたような感じがしました。

そのころの時代といまではいろんなことが違いますが、一世代前の人たちが悩んでいたことは、いまとさほど変わらないことがわかります。

そして、当時、処方箋《しょほうせん》として売れていた本は、いまでも通用するので、読んでみるとおもしろいのです。

気配り、段取り、お金の運用、ダイエットといったことは、誰でも知りたいことです。お金をもっと持ちたい、人に気に入られたい、人生の方向性を知りたい、というのは、すべての人の望みで、ずっと変わらないのかもしれません。

図書館でエネルギーを受け取る

さきほど、本に使うお金は惜しまないほうがいいといいましたが、図書館を利用することに、反対なわけではありません。

本屋さんには、いま売れ筋の本しか置いていないことが多いというデメリットがあります。また古書店には、昔売れた本しか古本として入ってこないという事情もあります。店頭に並んでいるのは、昔のベストセラーだということになります。

その点、図書館には、長く読み継がれている良書が残っているといういい点があります。本棚を見ても、良書があることがわかると思います。

また、図書館には、独特のいい空気が流れています。知的作業には向いているのではないでしょうか。

図書館に行くと、もっと本を読みたくなったり、何か新しい知的活動をしてみようという気分になるからふしぎです。一生懸命に勉強している学生の様子を見たり、定年退職した年配の人が好きな本を熱心に読んでいる姿に刺激を受けることもあるでしょう。気分を変えたいとき、何かに打ち込んでいる人から刺激をもらいたいときには、行くといい場所だと思います。

図書館によっては、雑誌のバックナンバーなども置いてあり、一気に過去のものを見たりするのにはとても便利な場所です。

最近は、インターネットで調べものがやりやすくなったので、わざわざ図書館で調べる人は減っていると思いますが、それでも、図書館は智の宝庫です。

図書館で本を借りるデメリットは、当たり前ですが、後で返しに行かなければならないことです。つごう2往復しないといけないわけで、職場と自宅の生活の動線上に図書館がなければ、ちょっと不便かもしれません。

また、本はごく身近に置いておかないと、その知恵が活かせないということもあります。気に入った本は、買い求めることをお勧めします。

電子書籍が優れているところ、劣っているところ

海外では、電子書籍のほうが、紙に印刷された本よりも売れています。日本でも、しばらくすると、紙の本と電子書籍の販売数の逆転劇が起きるでしょう。

電子書籍は、専用の端末、携帯電話、タブレット、パソコンなどで読むことができます。私は、新しいものに興味があるので、いま出ているすべての端末を一通り使ってみましたが、まだ過渡期《かとき》にあると感じます。

アメリカやヨーロッパの国では、紙の本が大型で重いこともあって、電子書籍が流行る素地がありました。また、都市部に住んでいないかぎり、本屋さんが近くにないので、なかなか買いに行けないという事情もありました。

日本の場合は、大半が都市部周辺に住んでいるので、車で1時間以上行っても

本屋さんがない地域に住んでいる人のほうが少数派でしょう。

どちらかというと、通勤や通学の途中に本屋さんが何軒もあって、じかに選べるという楽しみを持っている人のほうが多いのではないでしょうか。

携帯性に優れた文庫本も充実しているので、電子書籍で読まなければいけない積極的な理由が、欧米ほどありません。ですから、本格的な普及にはもう少し時間がかかるだろうと思います。

また、出版社、取次各社（本の問屋さん）、書店の思惑もあって、業界全体では、できれば紙の本のままで行きたいと考えているようです。

最近は、著者が電子書籍を自分で出すことも簡単にできるようになったので、わざわざ出版社、取次会社、書店を通す必要がなくなりました。すべてを飛び越えて、直接読者に送るということもできるようになったのです。

実際に欧米では、人気作家が電子書籍を読者に直販する例が出てきました。日本でも、そういう動きはありますが、そこまで大々的には広がっていません。

過渡期とはいえ、電子書籍で本を読む人は、若い人たちを中心として増えていくのは間違いありません。

電子書籍のいいところは、数千冊、数万冊という膨大《ぼうだい》な情報量を一冊ぶんに満たない大きさのデバイスに収容できることです。

専用の機械でなくても、携帯電話、タブレット、パソコンでも読むことができます。ネットにつながる環境さえあれば、すぐにダウンロードでき、読みはじめられるという便利さに慣れてしまったら、元には戻れなくなります。

電子書籍の魅力は、こういった携帯性とともに、検索性にもあると思います。「あのフレーズ、よかった」と思っても、紙の本では、そのページに戻るには、最初から読まないと見つけることができません。

電子書籍の場合は、検索をかけると、1秒で該当箇所が出てきます。マーカーを引いたり、しおりを入れたりというデータならではの機能がとても便利です。わからない単語の意味をすぐに調べることもできます。

読み終わったときに、その本の続編や関連書籍を勧めてもらえるのも、とても便利です。

たとえば、シリーズものの6冊目を読んだ後は、すぐにでも7冊目も読みたいと思うのではないでしょうか。電子書籍なら、ダウンロードのボタンを押せば一瞬で読みはじめることができます。でも、紙の本を読んでいたら、読みたい！と思っても、本屋さんに行くか、ネット書店で注文するしかありません。

読書の喜びは、新しい世界を知ることですが、関連書籍にはどんなものがあるのかを知ることも、楽しみのひとつといえます。

本屋さんだと、その本の周辺にある本が関連書籍になるのでしょうが、隣にあるからといって、かならずしも関連があるわけではありません。

テキスト情報やキーワードなど、さまざまなデータをもとに、その本に関連があるということを推測して勧めてもらったほうが、わかりやすいでしょう。

もうひとつ、電子書籍のすごいところは、いろんな端末を使っているときに、その威力《いりょく》を発揮します。

たとえば、通勤の途中に携帯電話で本を読んでいたとしましょう。そして、ランチの休憩のときに、会社のパソコンでアプリをあけると、なんと通勤のときに読んでいたところから、続けて読むことができるのです。

同じように、家に帰って、リビングでタブレットをオンにすると、今度はランチのときに読み終えたところから、スタートすることができます。

そういう電子しおり&同期する機能は、とても重宝《ちょうほう》します。

このペースで読むと、あと何分で本を読み終わるかといった数字が表示されるのも、なんだかゲームをやっている楽しさがあります。

専用端末は、眼が疲れないようにできているので、本好きの人にはお勧めです。バックライトをつけない設定で使うと、ほとんど紙のようです。そのうち、ホログラムになったり、デバイス自体も進化していくのでしょう。

また、眼の悪い人や年配の人にとっては、操作ひとつで字を自由に大きくできるというのも、魅力的ではないでしょうか。

ここまで、電子書籍のすばらしい点ばかりお伝えしてきましたが、では、すべていいかというと、紙の本と比べて、どうしても劣っているところがあります。

それは、パラパラとめくって斜め読みがしにくいことです。ざっと目を通すということができないのが大きなマイナスポイントではないでしょうか。

紙の本であれば、パラパラめくって、キーワードを拾っていくと、だいたいこんなことが書いてあるんだなということがわかります。いわゆる斜め読みをしてから、本格的に読む人はけっこう多いのではないでしょうか。それが気軽にできないというのが、電子書籍のマイナスポイントです。

また、紙の本に比べて電子書籍が不利だなと思うのは、読み終えてしまうと、その本の存在を忘れやすいということです。いったん本棚に戻ると、もうデータのなかに埋もれてしまって、よほど印象深い本でなければ、思い出せません。

紙の本だと、表紙がツルツルだったなとか、分厚い本だった、判型が小さかったなど、本の中身以外の部分まで記憶に残っていたりします。紙のにおいだったり、質感、装丁の美しさなどは、嗅覚、触覚、視覚に残るので、より記憶に留《とど》まりやすいのではないでしょうか。

本好きにとっては、こうした五感に訴えかけてくる部分がない点が、電子書籍にもの足りなさを感じるところでしょう。

好きな海外作家の言語を学ぶ

あなたは、外国語を話すことができますか？

もし、そうでないなら、とてももったいないことをしています。

あなたが何歳でも、外国語を習うことをお勧めしたいです。

特に、本が好きな人は、自分が好きな作家の言語を学ぶといいと思います。

いま、私は、日本語5冊に1冊ぐらいの割合で英語の本を読んでいます。

たいていは、電子書籍で読みますが、この本はおもしろい！　というものは、紙の本を注文し直して、取り寄せるようにしています。

外国語がある程度わかる人は、ぜひその言語で読むことをお勧めします。70億人といわれる世界の人口のうち、日本語を理解できる人は、ほんの1億人ほどです。また、日本語は、世界で流通している情報の1％にも満たないのです。そういう現実があるなかで、もともとの言語で書かれた本を直接読めるのは、とても有利だといえます。

読書は、自分の視点を広げるということをお伝えしましたが、まさしく、他の言語で書かれた本を読むことは、それにつながるでしょう。

翻訳された本だと、どうしてもニュアンスが変わってしまうのと、実用書などでは、ページ数の関係で、半分ぐらい割愛されてしまうことも多いのです。

また、海外に数年住んでいたり、大学の英文科を卒業しているだけで、翻訳者になるケースがけっこうありますが、大学の教授が訳すと、堅すぎて何を言っているのかわからない論文調になることがあります。英語だととてもわかりやすい文章なのに残念だと思う本はたくさんあるのです。

英語のことをわかっていない人がたくさん訳しているという問題もあります。

簡単な見分け方ですが、何を言っているのかよくわからない文章があれば、それはたいてい誤訳です。

たとえば、バスボーイは、レストランで食器をかたづける下っ端のスタッフを意味しますが、バスの少年とそのまま訳している本があります。わかる人が読んだら、「あ、間違っている」とすぐわかるところですが、英語を知らないと、そんな感じで訳してしまいがちです。

また、外国語の本を読むことができると、1年以上早く楽しむことができます。私は、『ハリーポッター』の最終巻が世界で発売されたとき、その日のうちに読みきりました。相当厚い本なので、英語を母国語とする人でも大変だったと思いますが、最後の数十ページのころには、眼がチカチカするまでになっていました。でも、登場人物が最後にどうなるのか、本の発売当日に日本人で読めたのは、たぶん数人しかいないはずで、ちょっとうれしかったのを覚えています。

日本語しか知らない人だと、英語版が発売されてから、翻訳にしばらく時間がかかるために、英語で読める人よりもだいぶ待たなくてはいけなくなります。

大学受験レベルまで学んだ人なら、たいていの本は時間をかければ読めるはずです。しんどいのは、最初の20冊ぐらいで、それ以上読み込んでいくと、加速度的に読解力がついてきます。

ふしぎなもので、読む力がつくと、聞く力も応じてアップしていきます。50冊ぐらいを英語で読みきると、映画も字幕に頼らなくてもわかる箇所が増えてきて、楽しくなります。

ドイツ語、フランス語、スペイン語、中国語、韓国語などは、過去に勉強したことがある人も多いでしょうから、ぜひ、もう一度学び直して、それぞれの言語で本を読んでもらいたいものです。

語学の勉強によって、その言葉の持つ文化も理解できるようになります。

たとえば英語ができるだけで、20億人ぐらいの人とコミュニケーションがとれるようになれます。それによって、英語圏の人たちの生活習慣、人生観を知ることで、自分がどう生きたいのかをより客観的に見ることもできるようになるのです。

旅先で本を読む贅沢を

旅をすることが好きな人は多いと思いますが、読書が好きな人は、旅先に本を持っていくという贅沢《ぜいたく》を楽しんでいるのではないでしょうか。

新幹線、飛行機、電車のなかは、誰にも邪魔されない空間です。席についたら、お気に入りの本を開き、読みはじめる。騒音や話し声がちょうど、いい感じのBGMになり、本の世界に没入していく。これは、本好きにとって、なんともいえない幸せではないでしょうか。

旅先の旅館で、本を読む。温泉に入った後に、浴衣《ゆかた》で本を読む。ご飯を食べた後、床に置いたちょっと暗いランプの明かりの下、布団のなかで本を読む。

こういう贅沢は、なかなかできません。

旅先のカフェで、あるいは公園で本を読むのも楽しい時間となります。

特に、外国で読んだ本は、後になって、訪れた場所の思い出とともに、長く記憶に留まることになります。

訪れる地にちなんだ本を読むのもおもしろいと思います。

ニューヨークでは、『ティファニーで朝食を』、ロサンジェルスでは、『理由なき反抗』。ワシントンでは、マーティン・ルーサー・キング牧師の『私には夢がある』。フロリダでは、ヘミングウェイの『老人と海』。

北京では『三国志演義』や『毛沢東語録』。上海では、魯迅《ろじん》の『阿Q正伝』。

それぞれの本の舞台になっていたり、作家がその街で書いたということを感じながら、ワクワクして読みました。

そのときに入ったカフェやレストラン。また、ホテルのクッションの感じなど、本の印象とともに、記憶に残っているものです。

今度どこかを訪れるときには、その土地にちなんだ本を読んでみましょう。

大切な人に本をプレゼントする

本をプレゼントするとき、趣味が合うととても喜ばれると思います。

絵本、実務書、エッセイ、ビジネス書、写真集、詩集などでしょうが、その人にぴったりな本をプレゼントできると、相手の顔がパッと輝き、こちらも幸せな気分になります。

いまどき1000円で喜んでもらえるプレゼントを買うのは難しいですが、本ならそれが可能です。また、プレゼントされるほうも、そこまで心理的負担はないのではないでしょうか。

私のオフィスと自宅の棚には、いろんな種類のプレゼントを包装してある専用コーナーがあります。誕生日用、お祝い用、お見舞い用などがあって、シチュエーション別にわかれています。

そのなかでも、本はかさばらず、相手にも負担を感じさせない、とてもいいプレゼントとして何種類も置いています。

私は、「この本、おもしろい！」と思ったら、10冊、20冊まとめ買いをします。多いときは、出版社にお願いして、まとめて100冊買います。

そして、誰かのオフィスやご自宅にお邪魔したりするとき、手土産《てみやげ》と一緒に本をプレゼントします。

写真集や詩集は、そういう需要があって売れていると思いますが、この人にはきっとこの本が合うだろうなといろいろ想像すると、それだけでも楽しい時間になります。

私の本のプレゼントがきっかけになって、その人も、本のプレゼントをするようになったと聞くと、うれしくなります。

そうやって本のプレゼントがいろんな人に拡がっていくと素敵だと思いませんか。

本好きを集めて、読書会をひらく

外国には、金曜日や週末に、気軽に友人同士、ファミリー同士で集まる習慣があります。そういうとき、ポーカー、麻雀《マージャン》といったゲームで集まる人もいれば、映画やスポーツを観たり、音楽セッションを楽しむグループもあります。

そんなノリで読書会をやっている人たちがいます。彼らは毎週、あるいは隔週、自分の好きな本を選んで、読書会をやるのです。その本を当日までに読んできて、感想を述べ合ったり、どういう気づきを得たかを話し合ったりするのです。

その後、持ち寄ってきた食べ物でパーティーをするのですが、本を酒の肴《さかな》にするなんて、粋《いき》だと思いませんか。

本好きたちなら、毎月そういう会をやってもいいのではないでしょうか。

読書会をやるためには、いくつかのポイントがあります。

まず、気の合った仲間を集めることです。一緒にいて楽しい人でないと、長続きしません。感性が似通っている人たちが集まると、何を話すわけでなくても、楽しい時間になります。

ただし、あまり似すぎると議論が深まらないというところもあるので、そのあたりは人選に慎重になる必要があります。

もうひとつ、読書会ですから、本をどう選ぶのかも、とても大切なポイントになります。テーマをバラバラにするという方法もありますし、スピリチュアル専門でいくというのもアリでしょう。

参加者が、待ち遠しくなるような会にするためには、本選びを丁寧にすることです。本選びに失敗すると、今回はいいかなと思ってパスする人が出てくるので、成り立たなくなってしまいます。

読書会がうまく機能すると、本を読むことだけでなく、人間関係もとても楽しくなってきます。一生つき合う人たちになる可能性もあるでしょう。

著者に会いにいく

本好きの人なら、著者がどんな人だろうということを想像することがあると思います。

本の多くはだいぶ昔に書かれていて、著者がすでに亡くなっている場合が多いと思います。でも、著者がまだ元気で、日本に住んでいるなら、直接会うことだってできます。

もちろん、人とつき合うのが苦手で、公の場に出てこない作家もいますが、パーティーが大好き、人と会うのが喜びだという作家もたくさんいます。

作家のなかには、講演会の講師として人前に出る機会が多い人もいますから、そういうところに出かけていけば、直接、話を聞くことも可能です。

ただし、会わなければよかったという場合もあります。作品を読むだけのほうがよかった。実物を見てガッカリしたという声もよく聞きます。

極端な照れ屋だったり、何を話しているのかよくわからなかったりする人が多いのも事実です。作家の友人たちを観察していると、やはりちょっと変わった人が多いような感じがします。ですから、かならずしも作家に会うことをお勧めできるわけではありませんが、どういう人物か、見定めにいくのは、おもしろいと思います。

本に書けることというのは、その人が知っていることの1%もありません。本にはせいぜい数百ページぶんの情報量しか出せません。作家の立場からすると、何を削《けず》って何を入れるのかということに苦労します。本当に伝えたいことをその器にすべて入れ込むには無理があるのです。

その意味では、本に書かれてあることよりも、実際の人物のほうが、何十倍も人間的に深かったり、ユニークな発想を持っていることは間違いありません。

また、著者が主宰している勉強会やセミナーも、本の内容より情報の質が高い可能性があります。

私もこれまで、著者に会いにいくということをたくさんやってきました。もちろん、「会ってください」といって、すぐに会えるような人のほうが少数でした。相手の立場を考えてみるとわかりますが、締め切りに追われていたりもするわけで、よほど社交的なタイプでないかぎり、個人的に誰とでも気軽に会ってくれることはないでしょう。

でも、もし、あなたが、その人に〝何か〟を与えられることができると、友人づき合いがはじまる可能性もあるでしょう。年齢が離れていたり、社会的な立場が違っても、友情というのは、成立するものです。

個人的に親しくなることができれば、本からは知りえなかったいろんな情報を教えてもらえたり、新しい気づきを得られると思います。

作家に共通するのは、好奇心です。あなたに、相手の好奇心をくすぐる何かがあれば、きっとあなたに興味をもってくれることでしょう。

増えていく本を、どう整理するのか

本好きの人には、共通する悩みがあると思います。それは、買ってきた本を読んだ後、どうするのかということです。

住居の狭い日本、特に大都市に住んでいる人は、買ってきた本をどうするかは、悩ましい問題ではないでしょうか。家族全員が本好きであれば、あまり問題にはならないかもしれません。しかし、家族のなかであなただけが本好きで、他の家族はそうでもないときは、大きな問題になりえるでしょう。

本が好きな人は、基本的に本を捨てることができません。身を切られるような痛みを感じ、捨てられないのです。結果的に、家のいろんなスペースに置いている人も多いのではないでしょうか。

昔、ひとり暮らしをしていたとき、窓を除くすべての壁に本棚を置いていたことがあります。トイレ、キッチンの壁にも、隙間《すきま》なく本棚を置き、訪ねてきた友人は、みんなびっくりしていました。

友人の間では、私の本好きは有名でしたし、誰かに紹介されるとき、本好きで変わっているヤツだと紹介されていました。そして、「地震があったら、本の下敷きになってコイツは間違いなく死にます」ということを言われていました。

確かに、そう言われたら危ないとは思ったものの、買ってきた本を捨てることも、売ることもできず、ずっと持ち続けてきました。

あなたは、蔵書《ぞうしょ》を整理して定期的に捨てられるタイプでしょうか。それとも、捨てられないタイプでしょうか。

本好きの友人のひとりは、大量にある本を捨てないなら離婚すると言われ、涙ながらに本を処分しました。

私は、その話を聞いて、胸が締め付けられるような思いをしたものです。

ライター、作家、大学の先生の自宅は、みな家中に本があふれているようです。

その結果、離婚してしまった人を私は、何人も知っています。

　本を管理する大変さを考えていくと、経済的に許されるのであれば、「自分の書斎を持つ」という贅沢《ぜいたく》にたどりつきます。子どもがいない、あるいは独立したという人なら、一部屋を書斎にすることはできるはずです。

　余談ですが、日本での個人ライブラリーの最高峰は、何といっても、渡部昇一先生でしょう。一度、対談のためにご自宅にお邪魔したのですが、すばらしい書斎に驚きました。個人の書斎としては、日本で、ひょっとしたら、世界でも、最大級の規模でしょう。図書館のなかに、自宅部分をつくったというほうが、正確かもしれません。

　書斎には、20代から60年以上かけて収集したコレクション15万冊が、図書館方式で整然と並んでいました。渡部先生は、まだ学生だったころ、図書館に住み込むというアルバイトをされていたそうですが、いつか個人のライブラリーを持ちたいということを夢見ていたそうです。それから、数十年後に、その夢が実現したわけですが、至福のときを過ごしていらっしゃるようでした。

私の書斎ライフ

本の処理はいつも難しいという話をしましたが、私も昔、本を整理しようと思い、捨てる箱、置いておく箱にわけて、整理をはじめたことがありました。しかし、数時間後、結局、雑誌っぽい本以外は、捨てる箱に入れられず、本を捨てることを断念しました。

そこで考えたのが、本を倉庫に預けるということです。いまなら、それほど高額ではなく、誰にでも払える金額で年間預かってくれるサービスがあります。

ただ、本保管サービスを使ってみたところ、それだと、読み返したい本が出てきたときに、すぐに手にとることができず、また買ってしまうことになりました。貸し倉庫に置いてあった本を戻してもらうにも、数日かかるからです。

これでは意味がないと思い、育児セミリタイヤをはじめて数年たったとき、ついに一大決心をして、書斎を外に持つことにしました。当時住んでいたマンションよりも広い一軒家を借りて、まるごと書斎にすることにしたのです。

このことを決断するのに、数か月はかかったと思います。

私は、「一人前になったら、書斎を持ちなさい」とずっとメンターに言われていたので、いずれ自分の書斎が欲しいと思っていました。

だったら、自分が本当にやりたいことを自分にやらせてあげよう、そう思って清水《きよみず》の舞台から飛び降りるような気分で書斎を借りることに決めました。

そして、妻の全面的な応援もあり、ついに私は、自分だけの書斎を外に持つことができたのです。

その後、私は、いくつも、いろんな場所で書斎をつくり替えてきました。現在は、複数の書斎をつくり、気分で使い分けるという贅沢《ぜいたく》をしています。

自分を実験台にしてわかったのは、書斎というのはサンクチュアリであるということです。家具が高級品だったり、きれいである必要はなく、自分ひとりになれる場所であればどこでもいいのです。

書斎は、自分の世界に入るドアであり、いったんそこに入り込むと、日々の雑事を忘れさせてくれる知的空間といえます。そういう場所で時間を過ごすと、知的エネルギーチャージが行なわれます。

そして、壁一面に並んだ本棚を見ると、あたらしいビジネスのことや、本のコンセプトなど、いろんなアイデアが自然に浮かんできます。これは、感覚的なものなので説明しにくいのですが、本を目の前にしていると、知的ゾーンに入りやすくなると思います。

その人の知的活動、ビジネスの活動を支えるのが書斎なのです。

現在の収入で外に書斎をもつことが難しければ、本好きの友人家族数人とシェアして、郊外の別荘地にセカンドハウス兼書斎を持つということもできるのではないでしょうか。小さな別荘なら、月10万円ぐらいの予算で借りたり、買うこともできるでしょう。

どこでも書斎にしてしまう

自宅の一室を書斎にしたり、自分の独立した書斎を外に持つことができれば最高ですが、なかなかそういう贅沢《ぜいたく》を許されている人は、少ないかもしれません。

では、近所のカフェでもいいし、レストランを数時間だけ自分の書斎にするというのはどうでしょう。

私の代表作『ユダヤ人大富豪の教え』は、ファミリーレストランでドリンクバーを何度も往復しながら書きました。

また、『お金のIQ お金のEQ』も、長野の喫茶店をはしごして、数ページずつ書いたのを覚えています。

いまは自宅にもオフィスにも自分の書斎がありますが、それでも、たまにカフェに出かけて、雑音のなかで書くようにしています。

作家の多くは、専用の書斎で書くことが多いようですが、私はもともとカフェを書斎にする習慣があったので、新幹線のなかでも、ファミリーレストランでも、駅のホームでも、原稿を書けるようになりました。

図書館を利用するというのもいいでしょう。育児セミリタイヤ時代は、よく受験生に混じって、本を読みにいっていました。また、いまの著作シリーズの原型となるアイデアをひねり出したのも、図書館でした。

カフェや電車があなたの書斎になったら、自由に知的空間をつくれることになります。

あなたが行くところをどこでも書斎にしてしまうという習慣を、ぜひ持ってもらいたいものです。

蔵書を遺す

あなたは、本好きの自分が死んだ後、どうするか考えていますか？

あなたが死んでも、本は残ります。

本好きのあなたが亡くなった後、家族も同じように本が大好きでなければ、迷惑するのは家族です。あなたにとっては、価値があったかもしれませんが、本好きでない家族にとっては、単なるがらくたでしかありません。

古書店を巡っていたとき、店主と親しくなって、おもしろい話を聞きました。

江戸時代に関する専門的な本があって、「こんなニッチな本を、誰が買うのですか？」と聞きました。

すると、「専門家が買っていきます」とのこと。そして、それを専門にしている研究者が亡くなると、家族が売りに出す。まとめて、古書店の主人がトラックで引き取り、店頭に並べる。するとまた、若い研究者が、その本を買っていく。そんなふうにして、専門書はリサイクルされていくのだそうです。

あなたは、自分の蔵書《ぞうしょ》を誰に遺《のこ》すか、考えたことがありますか？

あなたがこれまでに収集してきた本は、どうやって役に立ててもらうといいでしょうか。

地元の図書館に寄贈《きぞう》する、自分の卒業した大学図書館に寄贈する、といったことが頭に浮かぶはずです。

ただ、どれほど貴重な本でも、ものによっては、どこも引き取ってくれない可能性もあります。

ですから、本好きの友人数人に、あらかじめあげることを約束して、目録をつくっておくのもいいかもしれません。

本好きの人は、本をためるだけでなく、後々家族の迷惑にならないよう、そのあたりのことも、考えておきましょう。

自分が知っていることを世界と分かち合う

本好きなあなたは、情報のインプットは得意だと思います。そして、それを長い年月やってきたと思います。では、アウトプットに関しては、どうでしょう。

自分が学び得たこと、それを学んだことによってつくられる自分の考え方、感じ方、ものの見方を、何らかのかたちで表現するというのは、また違った喜びを生み出します。

あなたにも、誰かと分かち合いたいことがあるはずです。

もちろん性格的なこともあるので、気恥ずかしいし、押しつけがましく「こんないいものがあるよ」とはやりたいと思えないかもしれません。

でも、あなたが知っていることを誰かに教えてあげることが、その人の意識の深い部分に眠る何かを目覚めさせるきかっけになるかもしれません。

あなたの考え方、感じ方、ものの見方を表現することによって、人生が大きく変わる人がたくさん出てくる可能性があるのです。

私が作家になろうと思ったときも、自分には誰かと分かち合えるものなんて何もないんじゃないかと悩んでいました。

あるとき、友人たちの前で、実は本を書きたいということを話したことがありました。でも、いざ文章を書いてみたら、他の有名な作家が書いていることの寄せ集めみたいなものになってしまい、落ち込んでいるんだということを告白しました。

すると、みんな、それでも読みたいと言ってくれたのです。

「君がその本を読んでどう感じたのか、何を考えたのかという感想文でもいい。だって、すごくおもしろい感性を持っているから。いつも、本の話をするときは、うれしそうだからね」という言葉をもらって、不覚にも泣きそうになりました。

自分のオリジナルをひねり出そうと思っても、何も出てこなかったので、大きな壁にぶちあたっていました。何かを表現したいという熱い気持ちはあったのですが、どうすればいいのか、正直わかりませんでした。でも、「自分がどう感じたかなら、書ける！」。それが、私の作家としての人生のはじまりでした。

あなたにも、世界と分かち合えるものが、何かあるのではないでしょうか。

何も作家になれと言っているわけではありません。あなたが知っていること、考えていること、感じていることを、誰かに教えてあげてほしい、ということを言っているのです。

あなたの家族や友人たちは、それを求めているかもしれません。

あなたの子どもや孫が、将来それを読むことになるかもしれないのです。

あなたが学び得たこと、考えたこと、感じたことをぜひ表現してください。

きっと、それが何かにつながっていきます。

人は誰かに教えることで、その学びを深めることができます。

インプットすればアウトプットもする。

それが、あなたの知的活動のエネルギーにもなっていくと思います。

読書で自分を高める生き方へ

読書と知的生き方に関して、いろんな角度からお話ししてきました。

読書を毎日する。それは、健康のために食事を毎日するのと同じように、あなたの精神の活動に大切なことです。

どのようなジャンルの本を読んでいたとしても、あなたが自分と向きあい、想像力を使い、未来に思いを馳《は》せることは、きっとあなたを、よりすばらしい人物にしているはずです。

人間には、ただ日々を生き抜いて、生殖して、子どもを残して、死ぬという動物的な側面と、文化的、精神的な側面があります。

しかし、もったいないことに、多くの人が、生存していくのに精一杯で、精神活動が後回しになっています。

ただ生きるだけでなく、心の充足を感じながら生きたいと願うのであれば、いろんな本と出会うことです。

毎日の心の充実度は、本当に自分が大切だと感じていることに時間とエネルギーを使うことで上がってきます。

本を読むことで、あなたが理想とする生き方を探ってください。

あなたが、本気でおもしろい人生を生きようと思うなら、ぜひ読書を積極的に使ってください。

あなたが理想とする生き方をしている人たちが書いた本は、本屋さんにかならずあるはずです。その本を読むうちに、「自分がやりたいのは、これだ！」と全身に電流が流れるでしょう。また、その生き方をするために必要なノウハウも、多くが本屋さんや図書館に並んでいるはずです。

その一冊と出会うことで、これまで以上にすばらしい人生を歩むことができます。

自分が行きたい方向を見つけ、そちらに進んでいくとき、自分の人生がいいタイミングで進んでいると感じられるでしょう。

しかし、幸いにして自分のイメージどおりの場所に行けたとしても、その状態がずっと続くことはありません。人生は変化していくからです。10代、20代、30代、40代、50代、60代、70代、80代と、喜び、悩みも種類が違ってきます。それぞれの年代特有の課題をこなしていかないと、ずっと幸せでいることは難しいでしょう。

そういう人生の課題と向きあうたびに、また本を探し、自分と向きあうのです。

本とは、それを書いた著者のあなたへの愛の形でもあります。

どの本のなかにも、自分の体験、知恵、創作が、読者のために少しでも役に立てばという著者の気持ちが込められています。

それを受け取って、あなたなりの幸せな人生をつくってください。

エピローグ

人生は、本を読んでどう動くかで決まる

この本を最後まで読んでくださって、ありがとうございます。

本好きなあなたに、読書についての本をお届けするのは、釈迦《しゃか》に説法のような気分ですが、「やっぱり本っていいなぁ」と思っていただけたらうれしいです。

本を読まない人が多いのには、驚かされます。

あなたも、密かに残念だなぁと思っているかもしれません。

特に、若い人には、本をもっと読んでもらいたいと思います。

スマホのゲームも気分転換にはいいですが、10年後に何かが残ることはありません。でも、いまの自分にとって良書を読むことで、その人の10年後は、まったく違ってくるはずです。

読書のすばらしさについて、これまでずっとお話ししてきました。

そこで、あえて一言で読書の効用は何かといわれたら、私は、「複数の人生を擬似《ぎじ》的に生きられる」ということを挙げるでしょう。

ひとりの人生には時間的な制限があります。サラリーマン、教師、医者にもなり、料理人、歌手も体験するのは、一回の人生では難しいものがあります。また、犯罪者やモテモテの男性、あるいは、異性になるのは、現実的ではないでしょう。何か国語も話すスパイにはなれないし、冒険するには体力も資金力もやる気も十分ではないかもしれません。

でも、本を読むことなら、いろんな人生を擬似体験することができます。ローマ時代の政治家にも、奴隷にもなれます。王様にも、娼婦《しょうふ》にも、犯罪者にも、アーティストにも、宇宙人にだってなれます。

何度死んでも、新しい本を開けば、命がよみがえります。そういう意味では、ゲームオーバーになっても、リセットボタンを押せばスタートできるゲームに似ているかもしれません。

私たちは、本を読むことで、作家や登場人物の人生を擬似的に追体験できます。

そこから、私たちは、自分の人生をつくり直す自由を得るのです。

ただの娯楽で本を読む場合も多いと思いますが、それでも、たとえばスパイものを読んだ後は、ちょっと気分が軽快になって、冗談のひとつも出てきます。

ふだんのあなたよりも、行動的になるかもしれません。

そうやって、知らないうちに、いろんな本に影響を受けています。ですから、どんな本でも、まったく読まないよりは、読んだほうがいいと思います。

ただ、いろんな人生を擬似的に追体験できたとしても、最終的にあなたが選べるのは、一つだけです。その一度きりの人生をおもしろくできるか、つまらなくしてしまうのかは、あなた次第といえるでしょう。

充実した人生を送りたければ、本で得た気づきや知恵を実践に移すことです。

自分のやりたいことに向かって、何か行動してみましょう。

それは、資格を取ることだったり、転職することだったり、何かを教えること、海外に住むこと、愛する人と家庭をつくることかもしれません。

いまよりも、自分らしく、夢に向かっていくために知恵を使うのです。

きっと、まわりの人たちも、あなたを応援し、助けてくれるでしょう。

本を読むことは、単に楽しいだけでなく、あなたの人生をよりすばらしいものにしてくれるでしょう。

本を読むということは、比較的静的な活動です。

人と会ったり、旅行に出たりというのは、動的な活動です。

そのかけ算の大きさが、あなたの人生のおもしろさにつながります。

心を動かして、体を動かすことが、よりすばらしい人生への道のりです。

ぜひ、読書であなたの心を動かして、自由に行動してください。

一度きりの人生をすばらしいものにするために。


読書のすばらしさを理解する人が増えることを祈って

本田　健

あなたの生き方を大きく変える名著案内

成功哲学を学ぶための本

魂を射ぬく言葉は、時代を超えます。豊かに生きるための知恵を受け取り、「自分はどう生きるのか？」と自分自身に問い続けながら読んでほしいと思います。そして、人生を大きく変えるあなたの次元上昇のドアはどこにあるのか、知恵を絞って考えてみましょう。

渋沢栄一『論語と算盤』（KADOKAWA）
福沢諭吉『新訂 福翁自伝』（岩波書店）
松下幸之助『道をひらく』（PHP研究所）
アレックス・ロビラ&フェルナンド・トリアス・デ・ベス『グッドラック』（ポプラ社）
オクターヴ・オブリ 編『ナポレオン言行録』（岩波書店）
サミュエル・スマイルズ『自助論』（三笠書房）
ジョー・ビタリー『ザ・キー』（イースト・プレス）

スティーブン・R・コヴィー『7つの習慣』（キングベアー出版）
ナポレオン・ヒル『思考は現実化する』（きこ書房）
バートランド・ラッセル『ラッセル幸福論』（岩波書店）
バルタザール・グラシアン『バルタザール・グラシアンの賢人の知恵』（ディスカヴァー・トゥエンティワン）

自分発見のヒントが見つかる本

あなたの人生において、一番大切にしたいものは何でしょうか？

自分の大切なものを明確にすると、次のステップが見えてきます。

読み終えた後には、少し時間をとって、心のままに素直な気持ちを書き出してみましょう。

吉野源三郎『君たちはどう生きるか』（岩波書店）
アール・ナイチンゲール『人間は自分が考えているような人間になる!!』（きこ書房）
キングスレイ・ウォード『ビジネスマンの父より息子への30通の手紙』（新潮社）
サン＝テグジュペリ『星の王子さま』（岩波書店）

ジェラルド・G・ジャンポルスキー『ゆるすということ』（サンマーク出版）
ジュリア・キャメロン『ずっとやりたかったことを、やりなさい。』（サンマーク出版）
デイル・ドーテン『仕事は楽しいかね？』（きこ書房）
マイク・マクマナス『ソース』（VOICE）
リチャード・バック『かもめのジョナサン』（新潮社）
ロバート・J・ペトロ『ホワンの物語』（飛鳥新社）

●●才能の輝かせ方を知るための本

あなたにもあるはずの才能を見えなくしてしまっている「才能に対する誤解」を解きながら、才能とはどういうものか？　才能を使うこと・使わないでいることの副作用や、才能を発揮するレベルに応じた生き方などを、ぜひ学んでほしいと思います。

渡部昇一『知的生活の方法』（講談社）
ジャネット・アットウッド『心に響くことだけをやりなさい！』（フォレスト出版）
ダリル・アンカ『人生に奇跡を起こすバシャール名言集』（VOICE）

ピーター・ティール&ブレイク・マスターズ『ゼロ・トゥ・ワン』（NHK出版）
マーカス・バッキンガム&ドナルド・O・クリフトン『さあ、才能に目覚めよう』（日本経済新聞社）
リン・A・ロビンソン『人生のすべてを決める鋭い「直感力」』（三笠書房）

●●――セルフイメージを高めるための本

セルフイメージは、自分が「自分のことをどう捉えているか」というものですが、これが高い人ほど成功しやすくなります。多くの場合、自分にある制限的観念が、その人の可能性をせばめています。その観念をどうやって書き換えるのかを体感してください。

アラン・コーエン『人生の答えはいつも私の中にある』（ベストセラーズ）
アンソニー・ロビンズ『一瞬で自分を変える法』（三笠書房）
アンドリュー・カーネギー『富の福音』（きこ書房）
オグ・マンディーノ『あなたに成功をもたらす人生の選択』（PHP研究所）
ジャック・キャンフィールド『こころのチキンスープ』（ダイヤモンド社）

パウロ・コエーリョ『アルケミスト』（KADOKAWA）

動きたい気持ちになる本

人生では、あなたが心から情熱的になれるものを見つけた時点で、もうすべてが準備できたようなものです。自分にとって、どういうライフスタイルがしっくりくるのか、どんなことをライフワークとしてやっていきたいのかを見極めることが、人生を楽しく、幸せにする最初のステップになります。

岡本太郎『自分の中に毒を持て』（青春出版社）
司馬遼太郎『竜馬がゆく』『坂の上の雲』（ともに文藝春秋）
ウエイン・W・ダイアー『小さな自分で一生を終わるな！』（三笠書房）
ウォルター・アイザックソン『スティーブ・ジョブズ』（講談社）
キャサリン・ライアン・ハイド『ペイ・フォワード』（KADOKAWA）
シュリーマン『古代への情熱』（新潮社）
ポール・モラン『シャネル 人生を語る』（中央公論新社）

逆境を乗り越えるための本

人生のトラブルは、「そろそろいまの人生を変えるときですよ」と教えてくれるサインだともいえます。たとえつらい出来事のなかにも、祝福があります。その人の捉え方次第で、その出来事の意味づけが大きく変わります。ピンチのなかにあるギフトを探してみましょう。

姜尚中『悩む力』（集英社）
渡辺和子『置かれた場所で咲きなさい』（幻冬舎）
デール・カーネギー『道は開ける』（創元社）
ヘレン・ケラー『わたしの生涯』（KADOKAWA）
マハトマ・ガンジー『ガンジー自伝』（中央公論新社）
リチャード・カールソン『小さいことにくよくよするな！』（サンマーク出版）

対人関係の悩みに効く本

どれだけ成功したとしても、人間関係がみじめであれば、幸せ感は一気にしぼんでしまいます。人間関係を変えることで、自分の立ち位置が変わり、見える世界、体験する世界も変わる。あなたが変われば、まわりの人たちも瞬く間に変わっていくということを、ぜひ感じてください。

岸見一郎&古賀史健『嫌われる勇気』(ダイヤモンド社)
鈴木秀子『9つの性格』(PHP研究所)
野口嘉則『鏡の法則』(総合法令出版)
アービンジャー・インスティチュート『自分の小さな「箱」から脱出する方法』(大和書房)
ジェームズ・アレン『「原因」と「結果」の法則』(サンマーク出版)
フランチェスコ・アルベローニ『他人をほめる人、けなす人』(草思社)

疲れ気味の心を癒してくれる本

物の見方を変えることが、人生に癒やしをもたらします。パッと開いたページから、その時に必要なメッセージを受け取ってください。そして、感情が人生をいかにコントロールしているのかを知り、自分の内面とのコミュニケーションを大切にすることで、人生を信頼する力を育てましょう。

いもとようこ＝絵『マザー・テレサ 愛のことば』（女子パウロ会）
河合隼雄『こころの処方箋』（新潮社）
柴田トヨ『くじけないで』（飛鳥新社）
日野原重明『生きかた上手』（ユーリーグ）
イハレアカラ・ヒューレン『みんなが幸せになるホ・オポノポノ』（徳間書店）
バイロン・ケイティ＆スティーヴン・ミッチェル『ザ・ワーク』（ダイヤモンド社）
ブレネー・ブラウン『本当の勇気は「弱さ」を認めること』（サンマーク出版）
ルイーズ・L・ヘイ『ライフ ヒーリング』（たま出版）

将来、お金で困らないための本

あなたの経済状態は、「お金とはこういうものだ」という概念と、それに基づいた行動でできあがっています。概念が少しでも変化すれば、結果もまた変わってきます。自分はお金とどんなつき合い方をしているのか、それはなぜなのか、ぜひ考えてみてください。

アーニー・J・ゼリンスキー『ナマケモノでも「幸せなお金持ち」になれる本』（英治出版）
ジョン・ディマティーニ『お金を「引き寄せる」最高の法則』（成甲書房）
トマス・J・スタンリー&ウィリアム・D・ダンコ『となりの億万長者』（早川書房）
ブライアン・トレーシー『大富豪になる人の小さな習慣術』（徳間書店）
ボード・シェーファー『イヌが教えるお金持ちになるための知恵』（草思社）
リン・トゥイスト『ソウル・オブ・マネー』（ヒカルランド）

幸せなパートナーシップを築くための本

人生の幸せには、パートナーシップがどういう状態かが大きく関わります。親との関係がおよぼす影響、パートナーシップが深まることで得られる安心感、どんなことがあっても大丈夫だという感覚のすばらしさを受け取ってください。

アラン・ピーズ&バーバラ・ピーズ『話を聞かない男、地図が読めない女』(主婦の友社)
アリス・ミラー『子ども時代の扉をひらく』(新曜社)
エーリッヒ・フロム『愛するということ』(紀伊国屋書店)
ジェラルド・G・ジャンポルスキー『愛とは、怖れを手ばなすこと』(サンマーク出版)
ジョン・グレイ『ベスト・パートナーになるために』(三笠書房)
スーザン・フォワード『毒になる親』(講談社)
チャック・スペザーノ『30日間で理想のパートナーを見つける法』(VOICE)

いい運を呼び込むための本

不思議な偶然を引き寄せる人は、常識的な生き方をしていません。心が動くまま、ワクワクすることに飛び込んでいきます。私は、そういう生き方をシンクロデスティニーと呼んでいますが、どんな毎日を送るとシンクロデスティニーの人生を体験できるのか研究してみてください。

浅見帆帆子『あなたは絶対！ 運がいい』（廣済堂出版）
櫻井秀勲『日本で一番わかりやすい運命の本』（ＰＨＰ研究所）
竹田和平『竹田和平の強運学』（東洋経済新報社）
天外伺朗『運命の法則』（飛鳥新社）
船井幸雄『幸運と成功の法則』（グラフ社）
松永修岳『強運革命』（廣済堂出版）
來夢『運活力』（実業之日本社）
エスター・ヒックス＆ジェリー・ヒックス『引き寄せの法則』（ソフトバンククリエイティブ）
スティーヴ・ギルマン『いますぐ「ラッキー！な人」になれる』（サンマーク出版）

リチャード・ワイズマン『運のいい人、悪い人』（角川書店）
ロンダ・バーン『ザ・シークレット』（角川書店）

最低限の教養を身につけるための本

教養は知的好奇心に比例します。アート、宗教、神話、哲学など、自分の専門と異なる分野の本を読むことが、深いレベルのコミュニケーションを可能にするとともに、人の言動を受け入れる大きな心を育てます。

『コーラン』（岩波書店）
『ブッダのことば スッタニパータ』（岩波書店）
『文語訳 新約聖書 詩篇付』（岩波書店）
『論語』（岩波書店）
吉川英治『三国志』（新潮社）
ウィリアム・H・マクニール『世界史』（中央公論新社）
ゲーテ『ゲーテ格言集』（新潮社）

ジョーゼフ・キャンベル&ビル・モイヤーズ『神話の力』(早川書房)
ダライ・ラマ『ダライ・ラマ自伝』(文藝春秋)
トルストイ『戦争と平和』(新潮社)
ニーチェ『この人を見よ』(新潮社)
プラトン『ソクラテスの弁明・クリトン』(岩波書店)
フランクリン『フランクリン自伝』(岩波書店)
フロイト『精神分析入門』(新潮社)

日本の歴史を知る本

日本の文化、歴史、風土について問われたとき、あなたはどれくらい答えられますか? 私たちは何者なのか、どこから来たのかを知ることで、過去と今のつながりの上に自分がいることを実感するとともに、世の中で起こっていることを俯瞰的かつ大局的な視点で見ることができるようになります。

網野善彦『日本の歴史をよみなおす』(筑摩書房)

内村鑑三『代表的日本人』(岩波書店)
勝海舟『氷川清話』(講談社)
住井すゑ『橋のない川』(新潮社)
世阿弥『風姿花伝』(岩波書店)
谷崎潤一郎『陰翳礼讃』(中央公論新社)
新渡戸稲造『武士道』(岩波書店)
日本戦没学生記念会編『きけ　わだつみのこえ』(岩波書店)
宮本常一『忘れられた日本人』岩波文庫
宮本武蔵『五輪書』(岩波書店)
柳田国男『遠野物語・山の人生』(岩波書店)
ドナルド・キーン『果てしなく美しい日本』(講談社)
ルース・ベネディクト『菊と刀』(講談社)

本書は当文庫のための書き下ろしです。

本田 健（ほんだ・けん）

神戸生まれ。経営コンサルタント、投資家を経て、29歳で育児セミリタイヤ生活に入る。4年の育児生活中に作家になるビジョンを得て、執筆活動をスタートする。「お金と幸せ」「ライフワーク」「ワクワクする生き方」をテーマにした1000人規模の講演会、セミナーを全国で開催。そのユーモアあふれるセミナーには、世界中から受講生が駆けつけている。大人気のインターネットラジオ「本田健の人生相談～Dear Ken～」は2000万ダウンロードを記録。世界的なベストセラー作家とジョイントセミナーを企画、八ヶ岳で研修センターを運営するなど、自分がワクワクすることを常に追いかけている。

2014年からは、世界を舞台に講演、英語での本の執筆をスタートさせている。

代表作に『ユダヤ人大富豪の教え』『20代にしておきたい17のこと』（大和書房刊）など。著書シリーズは全てベストセラーとなっており、累計発行部数は680万部を突破している。

本田 健 公式サイト
http://www.aiueoffice.com/

だいわ文庫

読書《どくしょ》で自分《じぶん》を高《たか》める

著者　本田《ほんだ》 健《けん》

二〇一六年二月一五日第一刷発行

発行者　佐藤 靖
発行所　大和《だいわ》書房
東京都文京区関口一-三三-四 〒一一二-〇〇一四
電話 〇三-三二〇三-四五一一

フォーマットデザイン　鈴木成一デザイン室
本文デザイン　福田和雄（FUKUDA DESIGN）
本文印刷　信毎書籍印刷
カバー印刷　山一印刷
製本　ナショナル製本

ISBN978-4-479-30575-0
乱丁本・落丁本はお取り替えいたします。
http://www.daiwashobo.co.jp